超级催眠术入门

[日] 林贞年 / 著
张文青 / 译

世界图书出版公司

图书在版编目（CIP）数据

超级催眠术入门 /（日）林贞年著；张文青译. —北京：世界图书出版公司北京公司，2012.1（2022.7重印）
ISBN 978-7-5100-3742-9

Ⅰ. ①超… Ⅱ. ①林… ②张… Ⅲ. ①催眠术-基本知识 Ⅳ. ① B841.4

中国版本图书馆CIP数据核字（2011）第139638号

Original Japanese edition published by GENDAI SHORIN PUBLISHERS Co.,Ltd . This Simplified Chinese language edition published by arrangement with GENDAI SHORIN PUBLISHERS Co., Ltd, Tokyo in care of Tuttle-Mori Agency, Inc., Tokyo through Beijing Kareka Consultation Center, Beijing

超级催眠术入门

著　　者：[日]林贞年
译　　者：张文青
责任编辑：曹　文
装帧设计：大　铭
内文排版：邵海波

出　　版：世界图书出版公司北京公司
出 版 人：张跃明
发　　行：世界图书出版公司北京公司
（地址：北京朝内大街137号　邮编：100010　电话：64077922）
销　　售：各地新华书店
印　　刷：三河市国英印务有限公司

开　　本：787 mm × 1092 mm　1/32
印　　张：5.75
字　　数：158千
版　　次：2012年1月第1版　2022年7月第9次印刷
版权登记：图字01-2011-3392

ISBN 978-7-5100-3742-9/B · 24　　定价：19.00元

前言

写这本书，是为了让读者能够掌握催眠的方法。掌握催眠术并不是只要不断学习记住操作方法就行了，而是要先记住那些操作方法，这才是真正学习的开始。记住方法只是学习催眠术的第一步，是基础，把基础打好了就会很容易掌握催眠术。

这之前，我写过一本《催眠方法入门》以及介绍催眠研究所独具特色的技术的《催眠的秘诀》（均已由世界图书出版公司出版），收到了众多读者的好评，大家一致认为那两本书简单易懂，很适合初学者阅读。而这次写的书，是要介绍更为简单易懂的超级入门方法。

即便是专业的催眠师，也需要不断提高催眠状态的诱导技巧。本书就以诱导方法为重点，对每种方法进行详细阐述，因此，对于即使完全不了解催眠术的读者以及催眠师，本书都具有较高的参考价值。我并不是为了让大家读而写这本书，而是希望它能成为提高催眠技巧的参考书。

任何人都可以学会催眠术，其方法本身并不是那么难。不过，在学习某件任务的时候，人需要付出精力，还会有紧张等精神上的一些负担。比如开车，最初学习的时候因为需要做很多工作，所以即便是驾驶较短的时间也会觉得累，而经验丰富的人即使开很久也可以游刃有余。催眠也同样，你可以试试，做3分钟的催眠诱导也会令人疲惫。不过习惯后，就可以做较长时间了。对于初学者来说，能够做3～5分钟的催眠诱导就已经很不错了。

本书第一章介绍必须掌握的理论重点，详细说明从催眠开始到催眠解除中的每一个步骤，每一次都是用尽量简单的方法诱导他人进入稳定的催眠状态。虽然简单，但不可能很快就记住所有的技巧，只需一步一步练习，慢慢掌握就好。

另外，我在照片的旁边注明了建议以及注意事项，但初学者只需要学习正文和照片就可以了。总之，希望你能掌握至少一个催眠诱导的方法。在自己实施的过程中，如果遇到了难题或困境，再参考照片旁边的说明文字。

通常大家都是通过媒体看到催眠的实施过程。不论是通过杂耍节目，还是探索节目，观众都会问这样的问题："这是真的吗？"

忘记自己的名字、按照催眠师所说的那样进行活动等等，这些现象确实不可思议。不过，与其对困惑的观众解释催眠理论，不如让他们作为受试者去自己体验催眠。

第二章介绍一些传统的催眠方法：忘记名字和数字、身体变得僵直且无法动弹、一个暗示就改变食物的味道等等。

催眠开始前的工作在很大程度上决定了催眠的成功与否，这些工作包括：消除受试者对催眠的误解与不安、赋予动机、建立信赖关系等。以上工作虽然得到了系统的整理与说明，但对于初学者来说还是很困难。

因此，第三章介绍了一些催眠开始前的工作，所用的资料如实地来源于我的催眠录音带和录像，可以为大家提供帮助。

记住催眠方法后，接下来就需要实际应用。当然也有人只是观看催眠过程就学会了方法，也有人通过阅读相关图书而提高了技巧。

第四章中介绍了非常多的诱导方法。催眠方法有很多种，但基本都是第四章内容的应用。请你参考第四章尽可能掌握更多的技巧，成为成功率高的催眠师。

催眠术只不过是为了接近人的心灵、了解人的本意而进行沟通的一种工具。它就像一流厨师手中的菜刀——能够做出美味佳肴的菜刀也可能变成某些人的凶器，卖刀人不可能限定买刀人的动机。同样，你也不可能限定催眠术的使用方式。

即便买主抱怨说："你家的菜刀太锋利了，把我的手都给切到了。"卖主也没有责任。关于催眠术也是如此，实施催眠时的责任不能由教授催眠方法的人来承担，也不能由受试者来承担，而应该由实施催眠的催眠师担负起所有责任。在你尝试做催眠的时候，请你一定记住这一点。

目录

1

催眠实施步骤

程看起来就会像是滑稽表演。

但是，如果受试者害怕催眠，这样反而有成功催眠的可能性。因为害怕的受试者会把意识集中在催眠上。且不说这是正面的兴趣，还是负面的兴趣，总之有兴趣就是。

不过，我这里说的不安只限于意识层面的不安。如果受试者的不安是无意识层面的，专业的催眠师也很难对其催眠。

总结来说，也就是确认对方对催眠有多大的兴趣。然后，一边保护着这种不安，一边开始进行催眠。

记住，不能让气氛冷却下来。受试者难得对催眠有兴趣，对催眠的过程也很期待，结果却变成“被催眠了却什么都没改变”或者“催眠原来只是起到了放松作用”的话，受试者就会失望。当然，如果你对自己的催眠技术有信心的话，就不必担心上述问题。

催眠师要让受试者感兴趣，这很重要。只有兴趣才能让接下来的过程更顺利。

但是，如果受试者兴趣过于浓厚，变成“我一定要进入催眠状态”的心情，就会让他受到约束，这就叫过犹不及。因此，也请切记不要让其动机过于强烈而增加了催眠的难度。

形成信任关系

催眠也就是诱导对方进入恍惚意识状态（变化的意识状态）。再次强调一下：这其中，兴趣与信任是必要条件。

催眠师与受试者之间如果没有亲密的信赖关系，就很难进行诱导，需要有“我很放心这个人给我做催眠”这种信任。

但是，这里所说的并不是指兄弟姐妹或者父母子女间的信赖关系，当然也不是上司和下属之间的信赖关系。恋人之间的信赖关系也不会对催眠有任何帮助。

这里，需要的是“信任你作为他的催眠师”这种信任。

如果你对钓鱼高手说“你头发剪得真好”，他不会高兴；如果你对厨师说“你能替人治病”，他也会不安。“蛋糕就得是蛋糕店的杰作”，说的就是必须有相应的专长。催眠也是同样的道理，你得让其他人信任作为催眠师的你。

如果受试者表露出不安的样子，请你堂堂正正地表示你的能力，这种理所应当的态度才会让人产生信赖感。因此，请你一定要表现出你的信心。初学者可能很难有这么强的信心，即使没有也请你做出有信心的行为和姿态。

这种假装不是单纯为了假装，而是为了让他人信任你，这是最重要的一个准备工作——“建立信任关系”。

创造环境

受试者的心理感受会受到氛围的影响，因此，请尽可能将催眠场所布置得具有催眠的气氛，这会让接下来的进程很顺利。

基本原则是：环境不能妨碍受试者集中注意力。如果所在的房间太过松散，受试者的心可能也会很散。

“这里总是这么散乱吗？”

“其他的受试者对这种散乱的状态也没什么感觉么？”

第二，房间的宽敞程度也会影响催眠过程。

如果房间太狭窄而让受试者觉得受压迫，就会消耗掉他的部分精力。而如果太宽敞，让受试者的适应时间延长，也会消耗掉他的部分精力。因此，需要设定能让受试者集中注意力的最佳环境，不要让他的精力消耗在不必要的事情上。

当然，对于容易集中注意力的受试者，即便是在广场或者是在街头也可以将其催眠。但在你还没有习惯使用催眠方法的时候，要尽量创造最佳的环境。

设立情境

接下来，情境的设立也是很重要的。有经验的催眠师只通过情境的设立就可以引导受试者进入催眠状态，说明这个环节对心理的影响是非常大的。

我曾经遇到过一位年轻的催眠师，他无法将受试者引导进入深度催眠状态，为此他十分困扰。

详细询问后，了解到他总是和受试者两人单独做催眠，有时是在卡拉 OK 里面催眠，有时是在宾馆的房间里催眠。问他为什么只有两个人在现场，他说："要是我没能将对方催眠，被其他人看到，多不好意思啊。"

这就是从催眠师的角度出发，但是催眠师的压力越小，受试者的压力就会越大。

只有两个人，受试者会不安，"如果发生了什么状况怎么办？"他会防御。受试者保护自己、催眠师保护自尊——两者所保护的事物就大不相同了。

尽量让第三方在一旁观看催眠过程，这是初学者成功催眠的一个秘诀。

外表体态

虽然我们总说不要以貌取人，但是这是我们意识层面的道理，实际上潜意识里瞬间就对他人形成了一个印象。因此，对于必须要在短时间内建立信赖关系的催眠来说，第一印象非常重要。

并不是让你每次都西装革履，只是你的穿着不要过于随便而让对方产生“我不想让这种形象的人给我做催眠”的想法。

心理准备

实施催眠的时候，不要怕会出丑，信心满满地接待受试者。你的态度就是对对方的一种暗示。

例如，假设你对坐在椅子上的受试者进行“站不起来”的暗示，如果你的声音细小微弱，受试者就会接受“这是没有信心的”这种暗示。结果，“你无法从椅子上站起来”的暗示传到受试者那里，则变成了“他没有信心让我站不起来”。

此时，当催眠师指示说：“你可以试试，看看你是否可以站起来。”受试者的潜意识里就会想：“他是想看看刚才那个没有信心的暗示到底有多大的效果。”结果，受试者就会站起来了。

你所说的话会被对方在意识层面理解，但他的潜意识会理解为更重要的意思。尤其在催眠情境中，通常受试者都会接受隐藏在表面之下的重要信息。

即便你温柔地说："现在你稳稳地坐在椅子上，但是你还能站起来吗？"只要你表达出了自信，受试者就无法站起来。因为自信的态度比语言本身具有更大的影响力。

可能你会觉得，如果有信心但暗示还是不起作用，就会非常羞愧。但你必须接受这种可能性，依然信心满满地实施催眠。这就是催眠师需要做的心理准备，否则你永远无法进步。

暗示方法

暗示通常被认为是"模糊表达"的意思，也就是不直接表达本意。例如，上司一边说"真热呀"一边看着空调，这时下属马上就拿起遥控器打开了空调。这就是对部下的一种暗示："谁给我把空调打开呀？"

也就是意识层面上的意思是"真热呀"，但潜意识里传达的意思是"谁给我开空调"。这里，重要的是要读懂对方潜意识中的意思。

潜意识很难对命令和祈求的话语有所回应，因为这两者通常都由意识层面来读取。进入稳定的催眠状态后，受试者的心被打开，此时不管催眠师用什么样的语气，受试者都会如其话语的原意来理解。

但是，在催眠状态还未稳定之前，要通过话语来区分受试者是否是潜意识的反应。比如，让受试者的身体向后倒的时候，不能命令说“你向后倒”，也不能请求说“请你向后倒”，而只是模糊地说“身体向后倾斜”，才能让受试者的潜意识读取这个信息。如果让受试者没有力气，不要说“不要用力”，也不要说“请不要用力”，而是暗示说“力气丧失了”。

肯定言语和否定言语

催眠诱导中，有时阻止对方行为的某些活动也具有重要的意义。其中，禁止某行为的暗示也分为肯定暗示和否定暗示。潜意识会把信息分为肯定和否定两类。

肯定也就是“……也可以”，其中包含着自由的意思，所以容易被接受。而否定也就是“不可以……”，意味着束缚，因而不容易被接受。

具体用催眠的例子来说，“现在你可以停止身体的动作了”就是肯定暗示，“你现在不能活动身体了”就是否定暗示。当然，在催眠场合中，肯定暗示比否定暗示还是更容易被接受。

但是，如果只依靠肯定暗示进行催眠诱导，会难以形成“被动注意力集中”（被动接受暗示），而这正是催眠的一个特点。因此，需要结合使用肯定暗示和否定暗示，这才是高手的做法。

日本有一位知名催眠师曾说过：“用否定、禁止成功暗示，意味着对方开始进入催眠了。”这是个微妙的时刻。

初学者在看着对方进行暗示时，容易忽略“将两种暗示结合使用”这个要点。这也是没办法的事情，因为看着对方就很难区分使用肯定暗示和否定暗示。

不过没关系，最重要的是要有“决意用一次否定暗示”的气势。否定暗示使用多了后，受试者就会更容易接受，因此不要害怕催眠不成功，尽管使用吧。如果总是害怕不成功而觉得羞愧，你将无法将受试者引导入深度催眠状态。

呼吸法

催眠主要是潜意识层面的交流，要逐步激活对方的潜意识。能很快地将对方引导进入催眠状态并不代表催眠师的能力有多高，太过着急只会失败。首先，请先从呼吸诱导开始，这个虽然也是潜意识领域的东西，但意识也能控制。

很多催眠师都会在暗示开始前让受试者深呼吸，这能帮助受试者集中注意力，催眠就会进行得更顺利。

首先，向坐在椅子上的受试者给予两手都没有力气的指示，然后催眠师将双手放在受试者的肩上，将其身体向前弯曲，同时引导其呼吸。

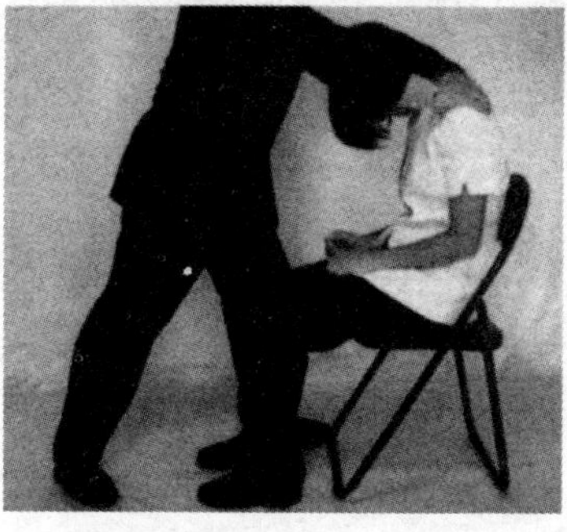

引导受试者进行深呼吸，将其身体向前弯曲，并让其配合吐气。

“现在，我要把你的身体往前倾斜，你要吐气……”

接下来，将受试者的身体抬起，一边说：“现在，吸气……”尽量缓慢地做动作，并如此重复多次。

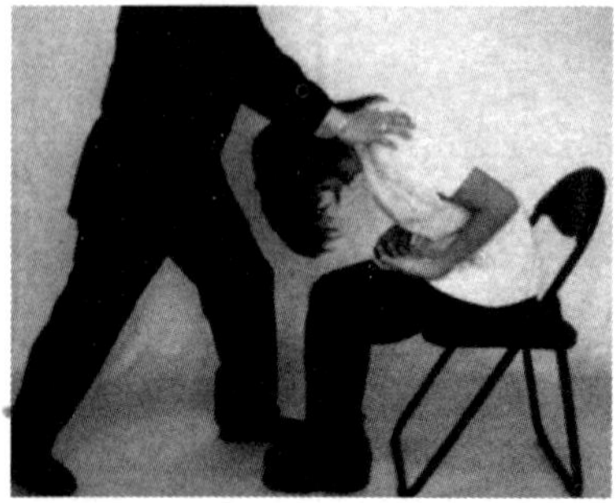

抬起受试者身体后，观察受试者的眼睑，如果其眼睑颤动，就可以停止深呼吸让其恢复到正常的呼吸。

催眠师要密切注意受试者的脸部表情。重复多次深呼吸后，表情就会变得严肃或者眼睑会开始像痉挛一样颤动，此时，就要停止深呼吸了。

“现在请恢复正常的呼吸。”让受试者平静下来，然后马上进入下一个环节。深呼吸的过程中受试者的眼睑开始痉挛，这就是他已进入催眠的征兆。

可受暗示性测试

在开始实施催眠前，要先进行可受暗示性测试，了解受试者对催眠的适应程度。给受试者进行某种催眠暗示，观察他会有多大的反应。

对初学者来说，可以用让受试者的头部往后仰的这种简单的暗示方法。首先，让受试者坐在椅子上，站在他的右侧，左手放在他的脖子上，右手贴在他的额头上。然后，开始下面的暗示。

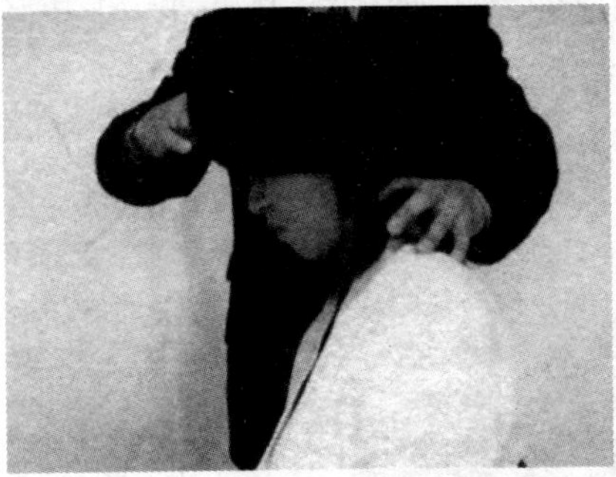

催眠师将受试者的头部往后倾斜，同时附加一个时间条件。不要强迫，要感觉你正在推婴儿的头部一样。

“我说‘好’之后，你的头就会像这样往后仰……”

一边慢慢地将受试者的头部向后方倒。

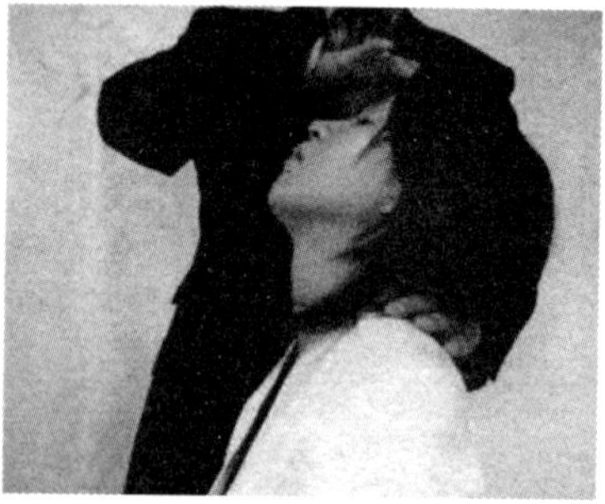

如果受试者的脖子并没有用力，说明他早早进入了状态。如果不是，那就指示他先从脖子开始不要用力。

然后，将受试者的头移动到原本的位置，并说：“你可以再少用点力量。”接下来，一边说“肩部也不需要用力”，一边再次将他的头往后仰，确认他的脖子没有用力。继续接着说“还可以再少用点力量”，一边把他的头部往后仰。再给予暗示，把他的头回复原位。

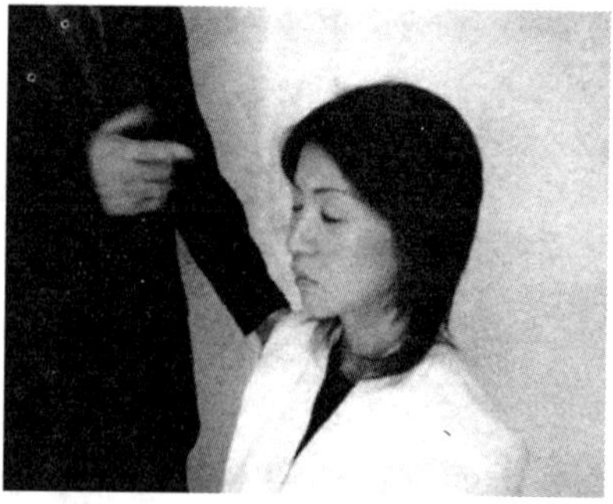

暗示要尽可能地清晰、简单易懂。如果受试者不明白，所有的暗示都没有意义。

“闭上眼睛……我说‘好’之后，你的头就会自然地向后仰……好吗……好！向后方仰了……慢慢向后方仰了……幅度越来越大了……头被渐渐地拉向后方……”

如此重复，直到受试者的头部后仰。催眠师根据受试者的反应，判断他是否容易接受暗示。

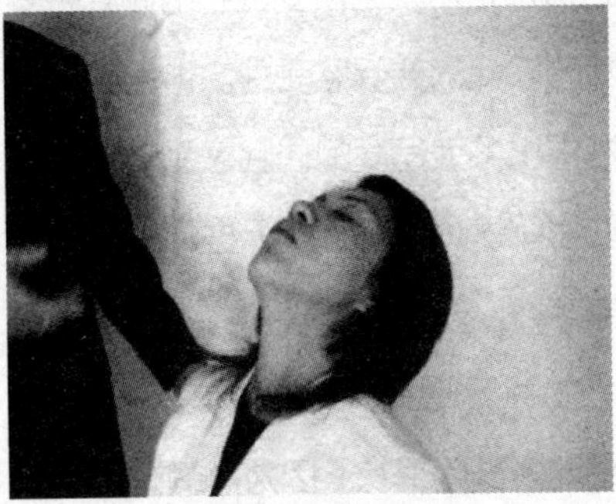

有的受试者马上就会有反应，但有的受试者就需要时间，因此要反复追加暗示。

如果受试者对暗示有反应，则把手放在他的后脑勺上，将他的头扶回原位。

还有一种调查接受催眠容易度的方法。把一个发光的物体放在受试者的眼前，左右上下移动，看是受试者的眼睛跟随着物体移动，还是整个脸部都跟随物体移动。如果只是眼睛跟随，说明他的催眠感受性比较低；如果是脸部，就表明催眠感受性高。

还有一个方法是，把手指放在受试者的额头上，

“看这里，虽然实际上看不见，但尽力往这个方向看。”

然后观察受试者的眼球位置。如果瞳孔下方的白色部分比较多，说明易被催眠。

以上这些方法都是用于判断受试者的催眠感受性，而不能判断催眠师的催眠感受性。你的感受性很重要，你能发挥出多大程度的催眠感受性决定着催眠的程度。要了解这个问题，实际进行一些催眠暗示就可以知道。

如果受试者对可受暗示性测试没有什么反应，初学者往往会很难再进行下去。因为可受暗示性测试的失败意味着受试者丧失了对催眠师的信任。

如此重要的暗示，建议大家多多练习，请家人和朋友帮忙来配合你的练习也会很有帮助。

催眠导入（视觉神经疲劳法）

如果受试者对可受暗示性测试的反应良好，问

问他：

“头部会无意识地往后倒，这个你感觉到了吗？”

如果受试者回答说：“是的，它自己在向后倒。”或者面露惊讶的表情，就不要再多说，也不要耽误时间，直接进入诱导程序。

催眠师右手拿着小手电筒照射受试者，左手放在受试者的右肩上。手电筒放在距离受试者脸部约30厘米处，高度略高于受试者的视线。

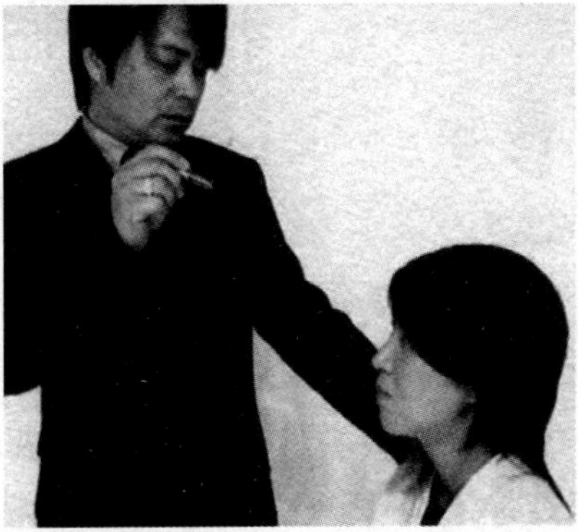

指示受试者看着小手电筒，一旦受试者的注意力集中到了手电筒上，马上给予暗示。

为了不让他抬头向后仰，将左手食指放在头部下方。

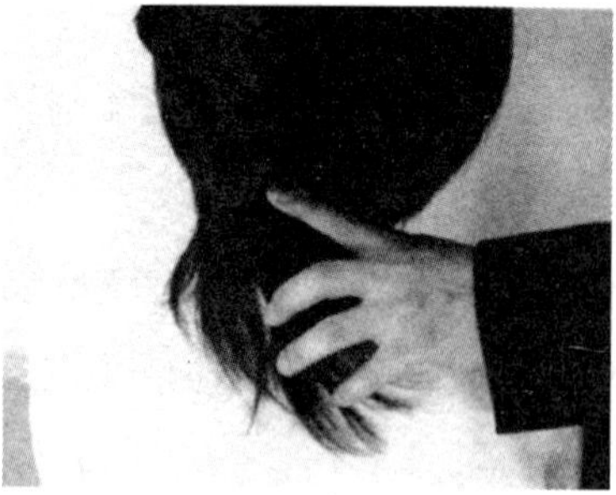

为了不让受试者的头部往后仰，用食指支撑其头部下方。如此，受试者眼睛向上看注视时间长，视觉神经就会疲劳。

然后给予如下的导入暗示：

“看着这个小手电筒。看见之后不要移开视线……保持这个姿势深呼吸……慢慢吸气……慢慢吐气……吸气……吐气……保持这个姿势慢慢呼吸几次后，理性就会安静下来，而本能开始活跃……你将会进入催眠状态……吸气……吐气……进入催眠状态后，身体会渐渐失去力气……现在，腿变得越来越沉……像铅一样沉……腿越来越沉……渐渐感觉到疲劳……腿越来越沉……现在，手臂没有了力量……手臂变得越来越沉……像铅一样沉……感觉到很疲惫……眼睑越来越沉、越来越疲惫……眼睑开始向下垂……越来越下……”

如此反复眼睑越来越沉的暗示，等到受试者的眼睑确实开始往下，马上开始转换到“眼睛闭起来了……闭起来了……”的暗示。而当他的眼睛确实闭上了，马上转换暗示“闭上之后，就再也睁不开了……眼睛牢牢地闭紧了……”

受试者的眼睑开始颤动，表示已经进入了轻度催眠状态，此时切入头向前倒的暗示，稳定催眠状态。补充一点，要让受试者更快闭上眼睛，可以给予眼睑下垂提示的同时，慢慢将手电筒的高度降低。但是，如果动作太过明显，只能起到反作用，因此动作要慢、要自然。

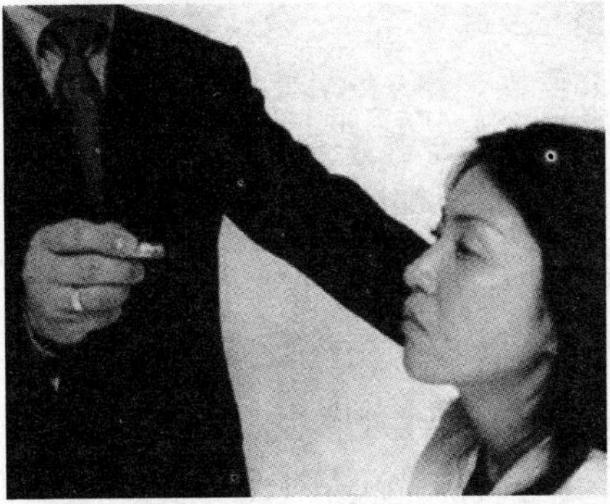

受试者的眼神变得空洞的时候，慢慢往下移动手电筒，可起到快速诱导的作用。

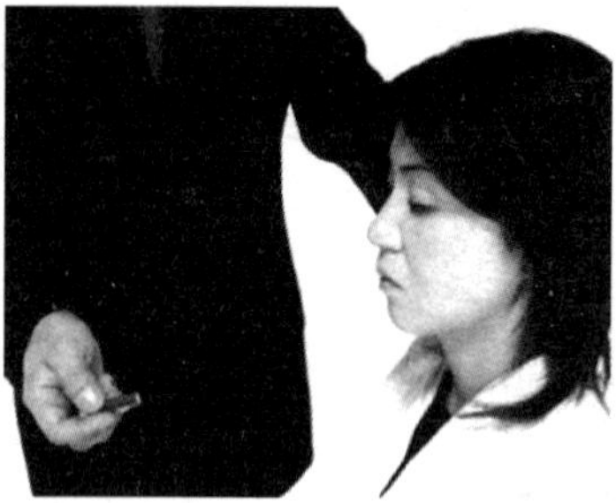

一个反应到下一个反应之间，请使用“然后”、“接下来”等词连贯起来，让诱导进行得更顺畅。例如，“眼睑变得越来越沉，然后开始下垂。”

但是，最重要的是要配合受试者的反应来行动。

催眠是引导

实施催眠，实际就是引导对方意识的过程。

当受试者眼睑并没有下垂的时候却说“眼睑开始下垂了”，当受试者眼睛半闭半睁、眼睑微颤时却说“眼睑越来越沉”，这都不是好的引导。

催眠师说“眼睑变沉”后，受试者的眼睑开始下垂，此时就要转换暗示“眼睛会闭起来”，一旦眼睛闭起来了马上接暗示“眼睛闭起来之后再也睁不开了”。如此一点一点地前进才是好的引导。

当受试者的眼睛睁不开、眼睑开始颤动时，一边说："头会往前倒，同时你会进入深度催眠状态。"一边用左手将受试者的头微微往下方压。

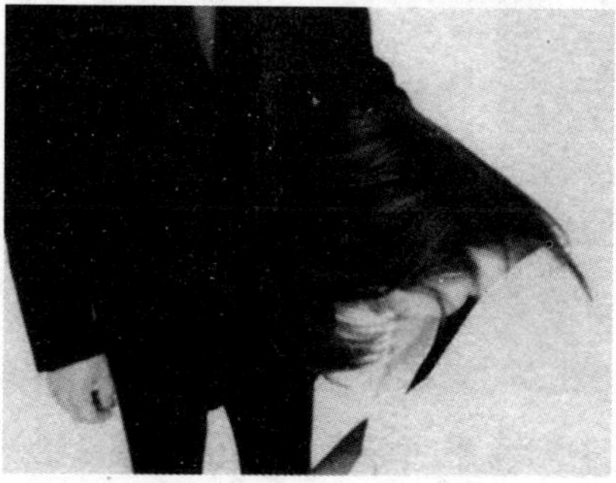

进入催眠状态后，受试者的阻抗力会减弱，因此只需要稍稍按压便可让其头部向下倾斜。

受试者如果进入了催眠状态，他的头自然就会向下方倒。然后，"头部向下倾斜，全身的力量丧失"，一边轻微按压受试者的肩膀。暗示"肌肉越来越放松"，同时再轻微按压其肩膀。

重复力量丧失的暗示以及轻微按压肩膀的动作，直到受试者的头一下子倒下来。

如果按压其肩膀，受试者的头仍然直直挺立，十有八九是他没有进入催眠状态。

如果受试者的头完全倒了下来，可以用倒数法这种深化催眠法加深催眠状态。

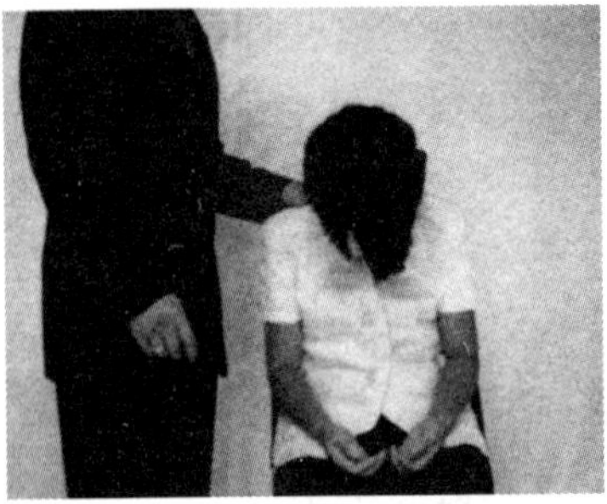

没有习惯之前，使用数数的方法就可以。习惯之后，用倒数的方法，会更容易加深催眠。如果在数数的过程中加上放松的暗示就更好了。

“我从10数到0，你的催眠状态会越来越深……10、9、8、7、进入深度催眠……6、5、4、3、进入深度催眠……2、1、0、大脑一片空白……”

我们数数，或者是听他人数数，精神就会更加集中，人就会放松。而催眠的重点就是集中与放松，因此，要好好利用这个特点。

通过无意识的活动深化催眠

接下来，我会使用手臂上抬法来深化催眠，就是利用手臂的无意识活动来加深催眠状态。

“……大脑一片空白……处于一种恍惚状态……现在想象我所说的话……想象……现在，你的眼前垂下了一根线……你用右手的大拇指和食指将这根线夹住……”

然后将受试者的右手抬起，再慢慢把自己的手拿开。

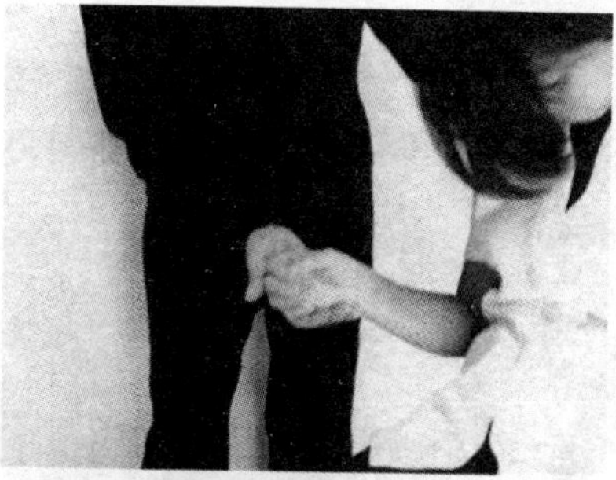

将受试者的手抬起后再把自己的手拿开，这个动作一定要缓慢而小心。

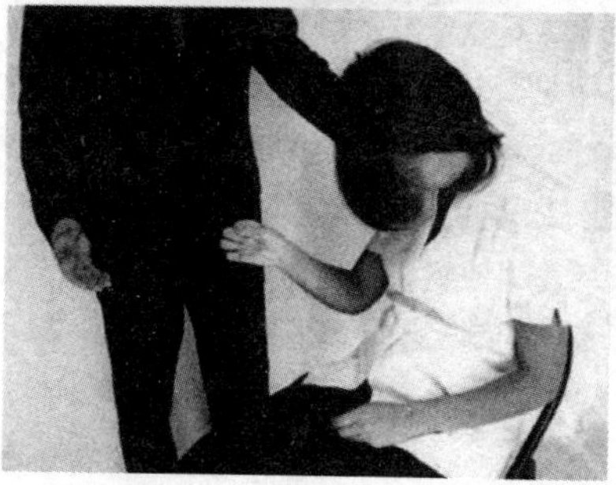

一边让受试者想象气球，一边给予暗示，这样成功的几率比只说暗示要高得多。

“这根线的上端，系着一个很大的气球……气球慢慢向上浮……气球越来越大，飞得越来越高……气球越来越高，你的手臂也越来越轻……气球飞得越来越高，你的心情也越来越好……气球越来越高……越来越高……”

手臂上升法的暗示需要踏踏实实地做，通常需要花很长时间。但是，这个方法对于深化催眠状态非常有效，因此虽然比较麻烦，但仍然需要好好掌握。当受试者的手臂一直上升到了最高点后，开始给予手臂下垂暗示。

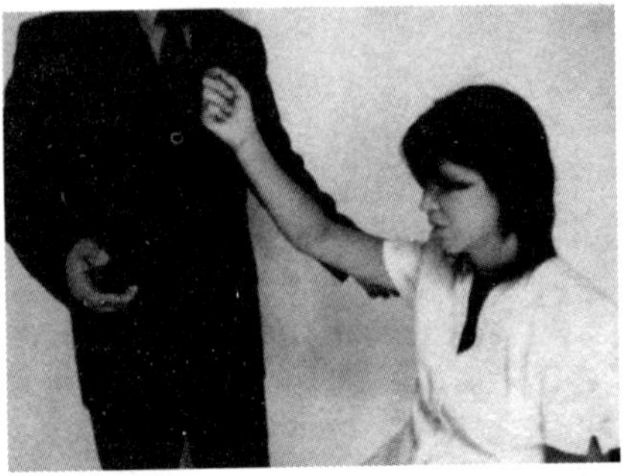

诱导进展顺利的话，受试者的手臂就会稳步上升。

“现在，请放飞气球……手臂就会下垂了……马上下垂了……下垂到了你的大腿上……就是这样，越来越下垂……一下子就下垂到了腿上……然后，这只手臂变得很沉，抬不起来了……”

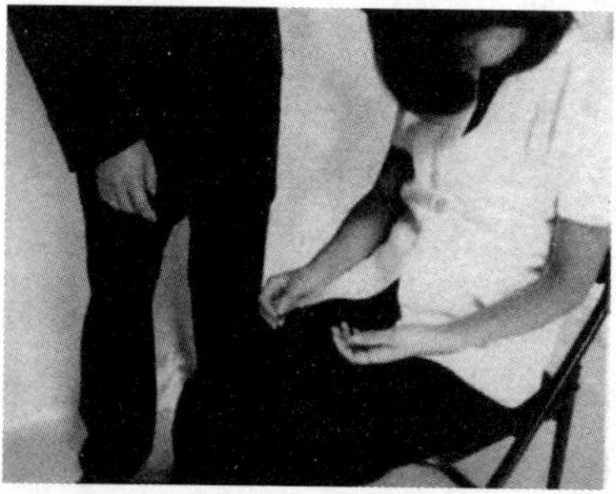

如果完全按照暗示的要求，受试者的手就会下垂到腿上，但偶尔也可能会落到大腿旁边，此时，不要慌张，把受试者的手放回到腿上就可以了。

僵直（肌肉的僵直）

受试者的手下垂放到大腿上后，尝试给予完全禁止的暗示。

“手臂下垂到大腿上了……手臂完全贴在了大腿上，抬不起来了……你可以试试看……绝对抬不起来了……”

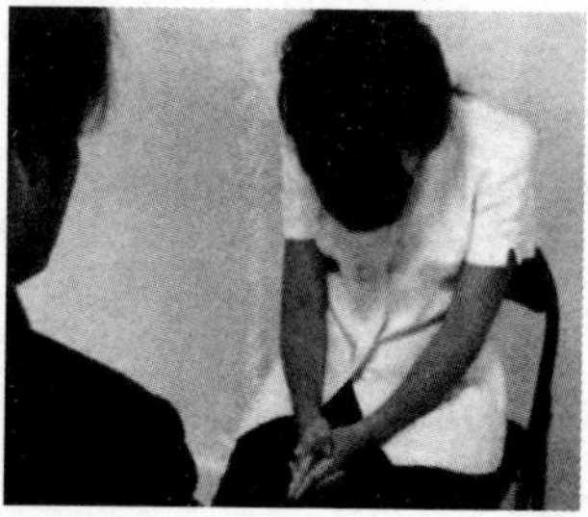

受试者的手下垂下来时，由于没有了力量，通常手指都会弯曲着。催眠师要轻轻地将受试者的手指伸直，按压手背，增加受试者手和腿之间的密合度。如此，可以增加暗示成功的几率。

“手紧紧地贴在了大腿上，抬不起来了！”说这句话的时候要强调语气，而说“你可以试试抬抬看”这句话则要轻柔，当受试者尝试去抬起手的瞬间；则又要肯定坚决地说：“绝对抬不起来！”

这是给予禁止暗示的基本原则。

另外，给予禁止暗示后要马上解开暗示，所以看到受试者的手紧紧贴在腿上动弹不得后，应马上给予解开的暗示。

“我数三下，打一个响指后，你的右手臂就会恢复为以前的状态，从腿上直接滑下来……3……2……1……好的。”

同时打一个响指。

沉默法

有人将催眠导入的方法称为沉默法，意如其名——什么也不说而将受试者引导进入恍惚状态的方法。

本来都还在进行正常的说话，一旦到了催眠导入的阶段：

“现在，闭上眼睛，安静地待上三分钟。”

然后，不要给予任何刺激。

如果你非得说话，受试者为了回应就必须要思考，而且受试者如果要说话也必须得思考。

也就是说，这个方法就是让大脑休息。大脑放松后人就会进入恍惚状态，就会更容易接受暗示。

如果是在诱导的过程中实施沉默法，可以加深催眠状态。

什么也不说即加深催眠状态，这个方法很简单省心，非常适合初学者。

不过，这个方法里面也有注意事项。那就是，事先要告诉受试者“我什么也不会说”。如果说了之后你又不使用沉默法了，可能受试者的催眠状态就会变浅，或者甚至会从催眠中清醒过来。

前面我说过催眠就是引导。如果没有事先说明就中断了催眠，就等于是放弃了。如果破坏了整个催眠的节奏，催眠就会失败。因此，在暗示与暗示之间，不要有太多的间隔，否则就会打破受试者的恍惚状态。

因此，使用沉默法之前，必须要先跟受试者说明，这也是一种引导。

“接下来的一小段时间，我不会再跟你说话……在我沉默的这段时间，你会进入到更深的催眠状态中……稍后我再跟你说话时，你的身心都会进入深度催眠状态中……现在，我将不会再说话了……”

然后就暂且不再管受试者。等到再继续诱导时，只需要将手放在受试者的肩上：

“现在我开始说话……认真听我说的话……”

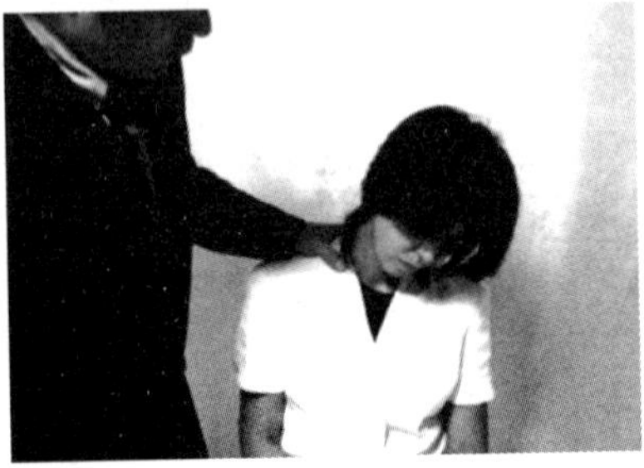

沉默结束后，再继续催眠时，说话要轻一些，以免吓到受试者。

接下来，你可以解除催眠，也可以继续诱导深化催眠，进行其他的暗示。

觉醒法（解除催眠法）

解除催眠时，给予“催眠状态解除了”的暗示：

“我从3倒数到1，你就舒服地睁开眼睛……3，身体恢复力量……2，清楚地意识到周围的事物……1，好的。睁开眼睛。”

这就是传统的觉醒暗示，也就是给予“清醒过来”的暗示就可以了。

前面说明过，暗示会受到语言的节奏、声音和态度的影响，觉醒暗示也不例外。

如果受试者担心“如果清醒不过来怎么办”，那这种不安也会通过声音和态度表现出来。受试者就会接受这种不安的暗示，而进入更深度的催眠状态。

不安和混乱感只会强化恍惚状态，不过也不要过于担心。进入催眠状态再深，也只是一种意识集中的状态，不会让意识变得混乱。催眠状态只是注意力集中到了“催眠”这种状态上，并不是失去了意识，也不是进入了睡眠状态，只是精神统一了而已。

再简单地说，就是受试者对催眠感兴趣，集中于催眠师的一种状态。因此，如果受试者不再感兴趣，即便是不给予觉醒暗示，他也会清醒过来的。

反过来，只要还有兴趣，就可以继续催眠诱导。通过觉醒暗示让受试者从催眠状态中清醒过来，但只要打一个响指说“进入催眠”，同时按压受试者的肩，他就会马上再次进入催眠状态，这说明他的潜意识里还是很有兴趣的。只要受试者没有失去兴趣，就可以持续进行暗示。

另外，注意力集中和放松都会让催眠状态深化，所以在给予觉醒暗示的时候，也同时暗示说力量恢复了，这才是高手的做法。

如果受试者说“还没有清醒过来呢”，或者“还觉得困”，那是因为力量恢复的暗示力度太小。此时需要再进行一次觉醒暗示，好好加上力量恢复的暗示。

后记

第一章把催眠的整个过程都介绍了一遍。介绍了适合初学者学习的方法，虽然简单，不过都掌握了的话也可以成为不错的催眠师了。这么多步骤，对于初学者来说，可能需要做的工作也还是太多了吧。因此，要不断练习加不断练习。

可受暗示性测试这部分，可以先单独练习。这部分流畅了之后，再由此开始进入整个催眠过程。待从诱导到觉醒整个过程都很顺利的时候，加入深化催眠法，最后完整地练习这一整个过程。

解释觉醒暗示的部分，提到过“不安可能会暂时加深催眠状态”，但是如果这种不安非常强烈地威胁到了生命防御本能，就不会深化恍惚状态，而是会让受试者马上清醒过来。而且，之后就没办法让受试者再次进入催眠状态了。

催眠师的不自信会破坏节奏。而自信和从容，只能通过练习才能获得。如果对于觉醒暗示没有信心，请先寻找家人或者朋友的帮助，让他们作为你的受试者，让自己多加练习。

刚学会开车的人如果暂时不开车，技术就会变得不熟练。催眠也是一样，不要间断催眠的练习。

最后，成功实施催眠的一个重要事项，就是受试者和催眠师的认真态度。如果有人偷笑，催眠就不可能成功。因为精神的集中状态与认真程度相关。让受试者认真起来，这也是催眠师在催眠诱导时必须要做的工作。

2

传统的催眠实验

眼睛睁不开的暗示

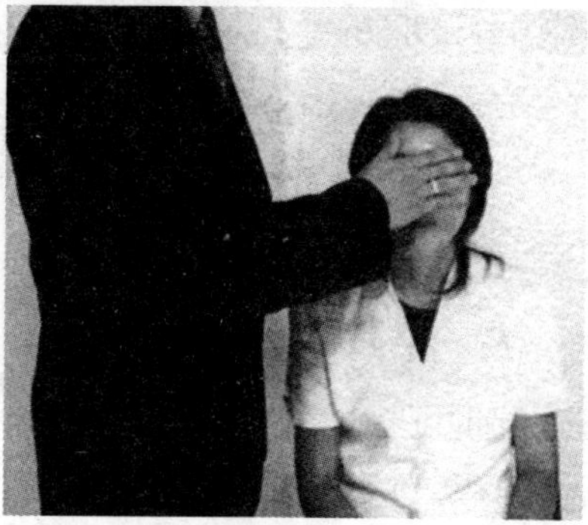

进入催眠状态的受试者易受引导，因此只要把手靠近他的脸，他的眼睛就会闭上。这表明他更容易接受暗示了。

“闭上眼睛，我数3下后，眼睑就会紧紧地闭合起来，睁不开眼睛了，无论怎么用力，都无法睁开。”

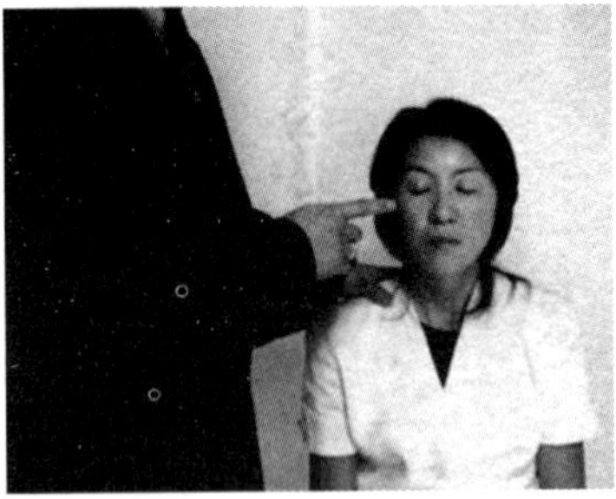

“眼睛睁不开了!”表达这个暗示(预告暗示)要语气坚定;“你可以试试看。”这个暗示(挑战暗示)语气要轻柔;“绝对睁不开!”这个暗示(追加暗示)语气也要坚定。

“3、2、1!好的,完全闭合上了,再也睁不开了……你可以试试看……”

当受试者试图睁开眼睛的那一瞬间,马上再次强化“睁不开”的暗示。确认受试者确实无法睁开眼睛后解除暗示。

“现在,我数3下,你的眼睛会自然地睁开,恢复到以前的样子……3、2、1。好的!眼睛睁开了。”

打一个响指,同时不断给予暗示“睁开眼睛”,直到受试者眼睛确实睁开了。

补充说明一点,通常禁止暗示都是如此,给予之后即马上解除,但催眠诱导初级阶段所给予的眼睛睁不开的暗示,可以经由最后的觉醒暗示得到解除,因此有时也不会给予之后立即解除这种暗示。

发不出声音的暗示

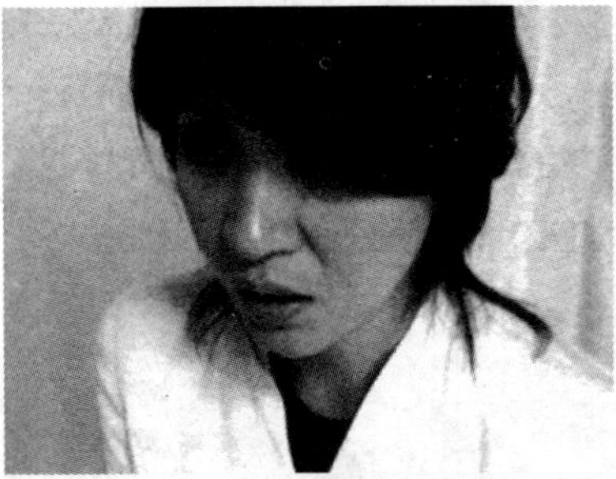

轻柔地说“可以张开嘴”，坚定地说“但是绝对发不出声音”。

“我轻拍你的肩，你就会发不出声音了。”一边说一边拍受试者的肩。然后，马上追加说：“可以张开嘴，但是绝对发不出声音。”接下来再问他：“你叫什么名字？”受试者就会不说话。这是因为用于发声的声带被暗示支配了。受试者的嘴在张合，但是却发不出声音，至此就可以解除暗示了。

“暗示解除了！”一边在受试者的眼前打一响指。然后，再次询问他的名字确认暗示是否解除了。

手臂无法弯曲的暗示

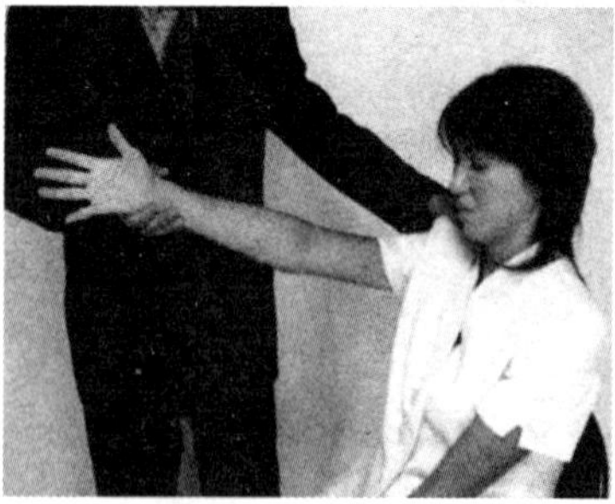

将受试者的手臂拉直并给予暗示。必要时，托起其手肘，帮助受试者产生僵硬直挺的感觉。

“伸直手臂……注视大拇指的前端。你的手臂会变成铁棒，无法弯曲……看着大拇指的前端，不要移开视线……”

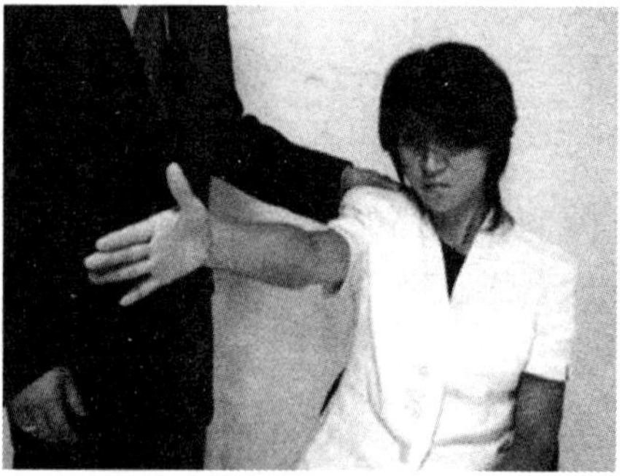

暗示“手臂无法弯曲”后，当受试者试图弯曲手臂的那一瞬间立即强化暗示：“看，弯曲不了！”

确认受试者的目光集中在大拇指之后，告诉他“你试着弯曲一下”。当受试者试图弯曲的时候，则说：“手臂僵硬而笔直……绝对弯曲不了！”

最后，告知“暗示解除了”，同时打一响指。待受试者的手臂开始弯曲后，追加暗示“你的手臂恢复到之前的状态了”。

手无法移开的暗示

“把右手放在地板上……这只手现在就无法移开了。”

这样一个暗示就可以让受试者的手无法移动了。

进入肌肉支配的阶段，这个暗示就很容易被受试者接收了。“黏在一起了”这个暗示影响了相应的肌肉。

“把左手放在地板上，右手就可以移动了……”

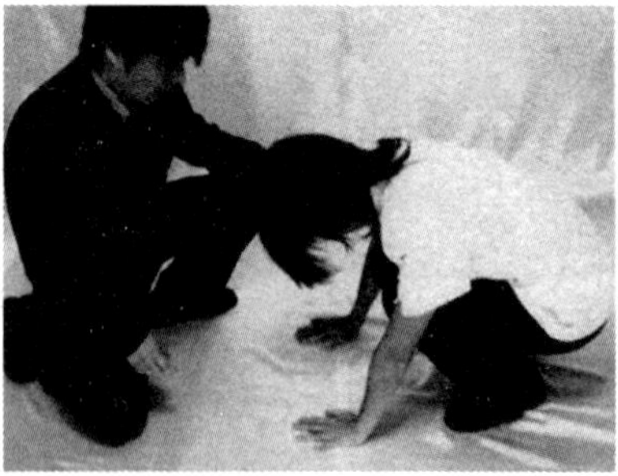

给予暗示、解除暗示，如此重复可以增强受试者的可受暗示性，所以此处要从右手的禁止移动暗示转移到左手的禁止移动暗示。

“现在，右手可以移动了，但左手就无法移动了。”

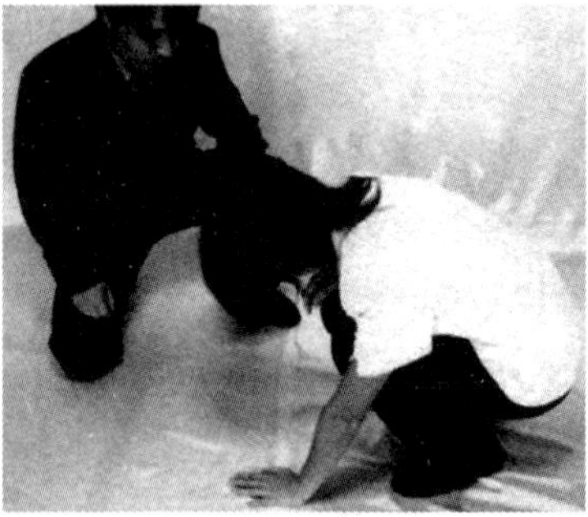

给予下一个暗示前先要解除禁止暗示。右手移开后左手就无法移动了，这种条件交换的暗示就是一种很好的引导。

催眠师一边打响指，一边说：“暗示解除了。”

站不起来的暗示

“坐下去后，屁股就和椅子完全黏在一起了。再也站不起来了！”受试者试图站起来的瞬间则坚定地说：“站不起来了！”

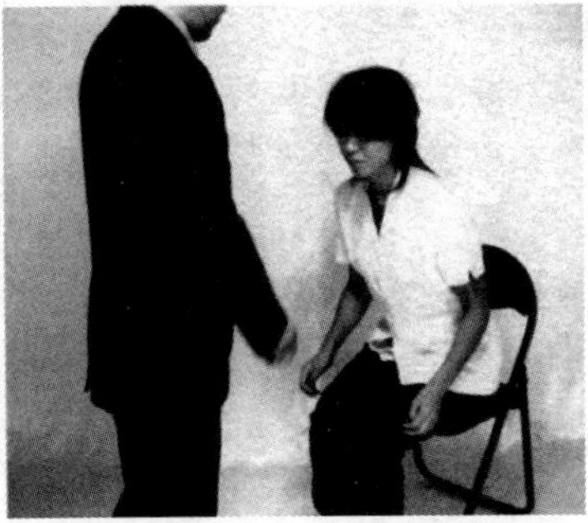

欲站立的时候，上半身会先往前倾斜。因此，看准这个时机，追加暗示：“看，站不起来了。”

受试者确实站立不起来时，再解除暗示。

“现在，我要解除暗示了。”一个响指之后，再确认受试者是否可以站起来了。

无法迈步的暗示

催眠师和受试者面对面站立，催眠师用手指着受试者的脚，给予暗示。

“脚突然就定在地板上了。脚完全黏在地板上了……你走走看？”

说完后，催眠师先暂时离开受试者一小段距离。

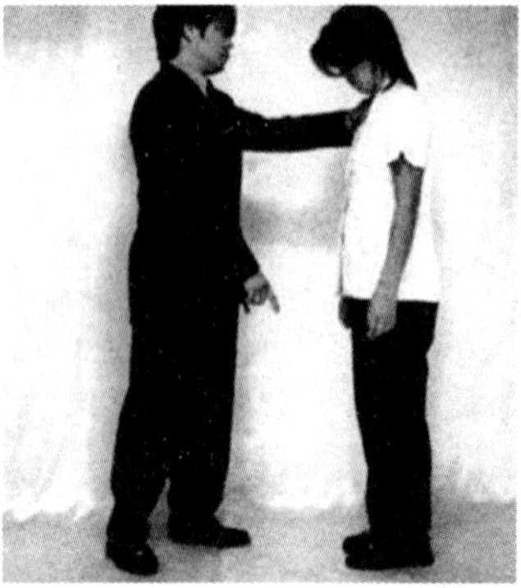

受试者站立着接受了脚的禁止暗示，这种状态下他可能会跌倒或者身体倾斜，因此要准备好随时支撑受试者。

如果受试者确实无法走动，就再将手放在他的肩上，在他眼前打一个响指“暗示解除了”。之后，确认受试者是否可以走动。

拿不起东西的暗示

催眠师将手帕放在地板上，对受试者说：“你可以帮我捡一下手帕吗?”而当受试者的手碰到手帕的瞬间，坚决地说:“手帕很重，你拿不起来了！”

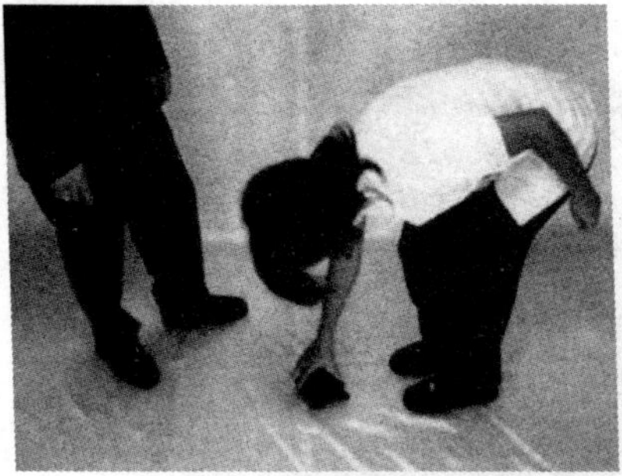

在肌肉支配的阶段，不仅手和脚、全身的肌肉都可以被暗示。

“好了，不用捡了。”然后，催眠师轻松地将手帕捡起来，受试者就会很吃惊。

“拿不起来了”，不是因为手帕变重了，而是因为暗示支配了拾起手帕所需使用的肌肉。

手麻痹的暗示

“我数3下后，你就心情舒畅地睁开眼睛。睁开眼睛后，我会由上至下用力刮你的手臂，你的手臂就会失去感觉。随着我刮擦次数的增加，你的手臂就会越来越没有感觉，痛感会渐渐消失……3，手和脚腿恢复力气……2，明了周围的事物……1，好的，睁开眼睛……心情非常舒畅……”

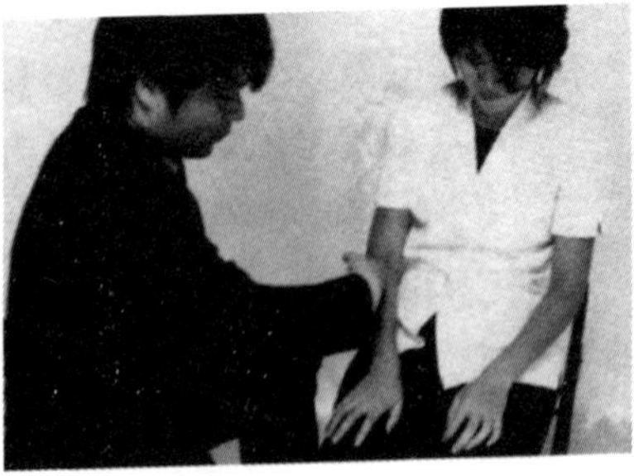

在感觉支配阶段也可以控制痛感。每刮一次手臂，其痛感就会淡化一些，配合这样的暗示效果就会更好。

催眠师要刮数次受试者的手臂。

“用另外一只手捏这只手看看。”

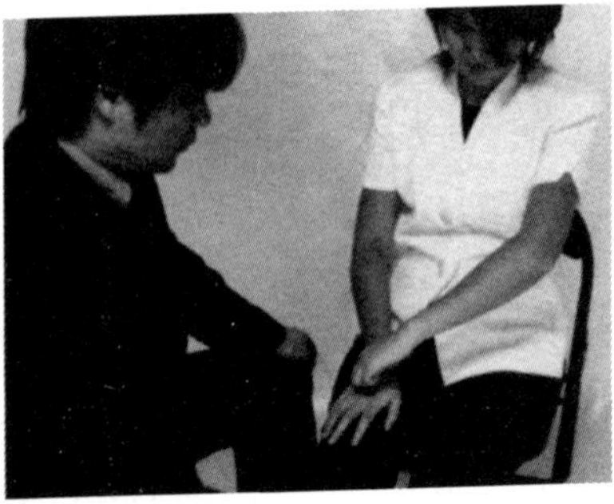

确认受试者的右手失去疼痛感觉后，还可以将这种痛感缺失的暗示移动到其他地方，手臂或者后背都可以，只需要暗示说“这种疼痛缺失的感觉移到了后背”。

受试者感觉不到疼痛。实验结束后，在受试者的眼前打一响指，并说："我数3下后，右手的感觉就会恢复……3，2，1！"之后让受试者捏自己的右手，以确认其右手是否已经恢复感觉。

水变成酒的暗示

催眠师将装有水的杯子递给受试者，告诉他："这是酒……尝一口吧。"当受试者闭着眼睛将杯子靠近嘴时，开始追加暗示。

"首先闻一下味道……酒的味道，对吧？……那么请喝一口。酒劲很足……味道很好的酒……"

受试者将杯子放到了嘴边，准备喝的那一瞬间，再次追加暗示"味道很好的酒"。

"我数3下后，心情舒畅地睁开眼睛。睁开眼睛后，喝一口手中的酒……"

像这样让受试者保持在催眠状态，进行充分的味觉操控暗示，然后再解除催眠。

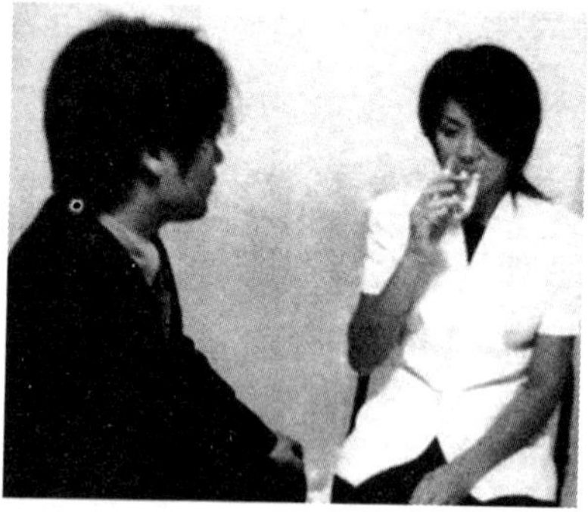

进入感觉支配阶段，可以改变香烟的味道，也可以改变食物的味道。

“喝一口酒……慢慢有些醉意了……心情变得很好……心情越来越高涨……心情舒畅……”

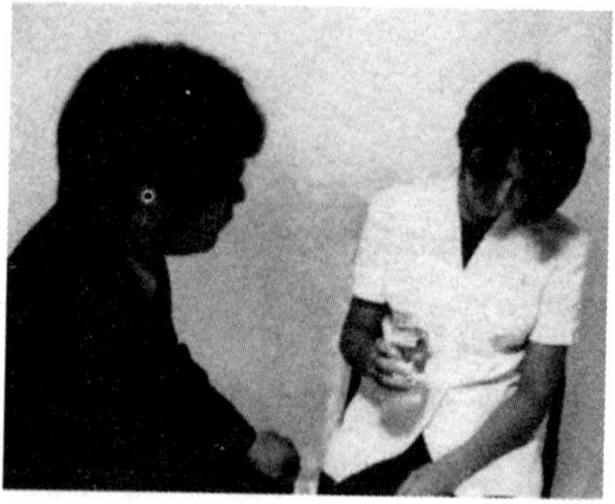

喝醉过的受试者会唤醒自己的经验与记忆，没有喝醉过的受试者则会根据自己的想象而感觉。不管怎样，他们都会变得像真醉了一样。

实验结束后，打一响指告诉受试者“现在催眠解除了”。然后，请受试者再喝一次杯中的液体，让受试者确认杯中的是水。

暗示结束后，有些受试者可能仍然会感觉到有一些醉意，不用担心，稍后就会恢复。

硬币发热的暗示

把一枚硬币放在受试者的手心。

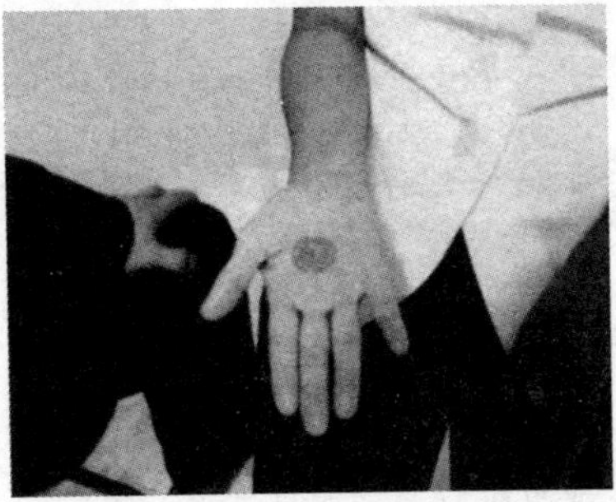

感觉支配阶段还可以自由暗示冷热感觉。

“我数3下后，硬币就会发热……如果让你烫得受不了，请告诉我……3、2、1！越来越热……越来越热……非常热了……”

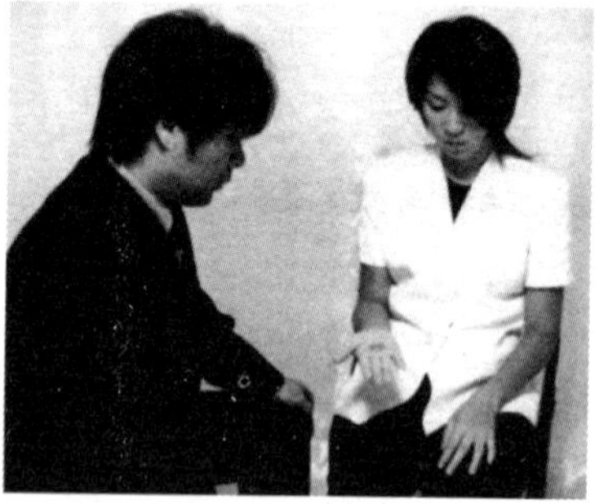

硬币发热的感觉支配暗示中，很容易观察到受试者的反应，对于催眠师而言，这是个很方便的实验。

当受试者说“热”后，取走硬币。受试者进入中度催眠状态，可以操控其所有五官感觉。

引发喜怒哀乐的暗示

“你现在变得非常难过……非常难过，难过得令你难以忍受了……眼泪都要出来了……这么难过，还是生平第一次……”

反复追加以上暗示，大部分受试者都会哭出来。

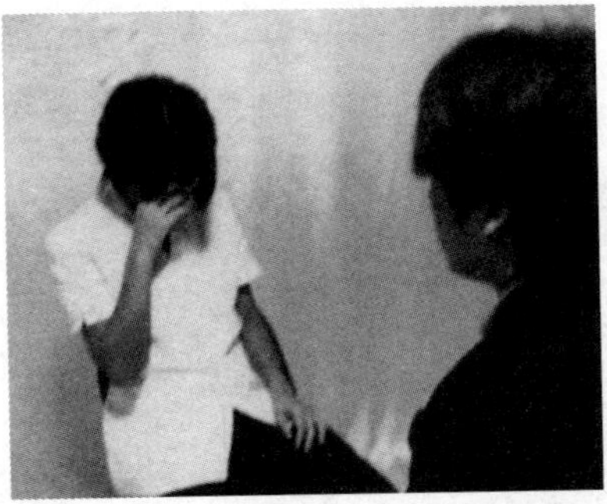

进入中度催眠状态，甚至可以操控受试者喜怒哀乐的情绪。

因为催眠能影响情绪。其他情绪，都可以依此激发出来。

催眠后行为

“从催眠中醒过来后，如果我对你说‘今天天气真好呀！’，你就马上从椅子上站起来对我鞠躬表示感谢。”说完这番话后，催眠师解除对受试者的催眠。

先听取受试者的催眠感受，其间不经意地说“今天天气真好呀”，这时，受试者就会像回想起了一样站起来行礼。

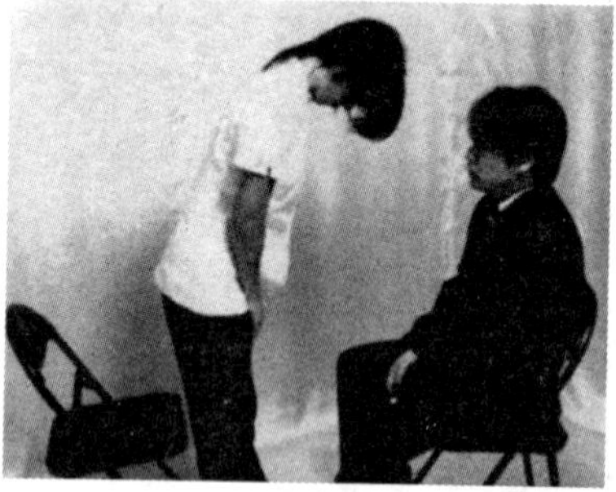

反复暗示，暗示就会得到强化。催眠后暗示也是如此，一遍一遍地暗示，受试者就会如指示那样反应。

这种在催眠过程中给予的暗示也能在解除催眠后起到作用，就叫做催眠后暗示。

当然，这种行礼的暗示，所需要的催眠状态较浅，如果是想让受试者跳舞，或者看到幻觉的催眠后暗示，就需要进入较深度的催眠状态。

催眠后失忆

“你睁开眼睛后，我会让你从1数到10。但是，你无法数出7，因为你的记忆里没有7，数数的时候，你会跳过7。在你的世界里，没有7的存在。”

这番暗示后，解除催眠。

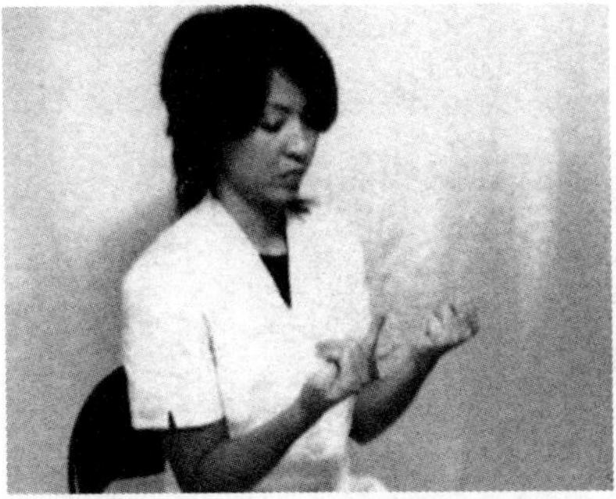

失忆暗示只需要较浅的催眠状态，因此在记忆支配阶段的早期也可以尝试。

受试者的催眠状态解除后，告诉受试者："现在，请你从1数到10。"如果受试者的确漏掉了7，再在受试者面前打一响指，告诉受试者："现在，解除你的催眠状态。"之后再让受试者重新数一遍，确认受试者的催眠状态已解除。

听起来这种暗示的强度非常大，但其实这不过是暂时抑制了受试者的回忆能力而已。

催眠可以深入人的记忆，这种方式主要用于催眠分析。比如通过年龄退行、逆向催眠等方式追溯受试者的记忆，探索其心理疾病的原因。

不过，催眠分析只能由专业人士来做，初学者不要尝试，要先接受专家的指导与相关培训。

正向幻觉和负向幻觉

“你睁开眼睛，会看到我的手上放着一张照片……照片上的人是你……那时你几岁，在做什么？睁开眼睛看看这张照片后告诉我……现在，慢慢地睁开眼睛……”

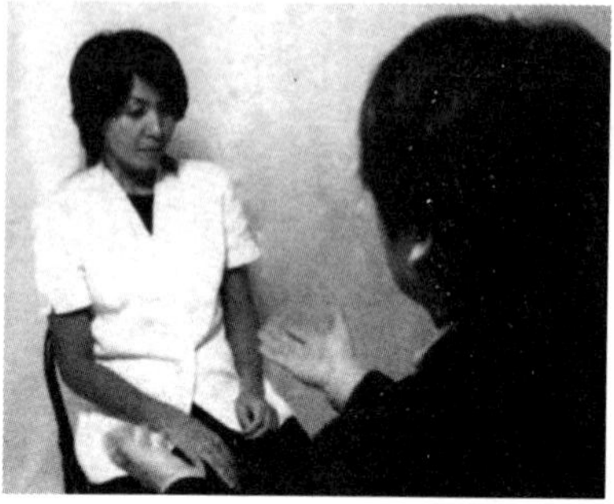

这种睁开眼睛出现幻觉的暗示，需要受试者相当高的受暗示性。

受试者睁开眼睛后，问他：“这是你几岁的照片？”

- “可能……是幼儿园的时候吧……”
- “照片上你在做什么呢？”
- “在沙滩上玩。”
- “照片上还有其他人吗？”

● “还有裕泰、小健和弟弟。”

● “好的，知道了。现在，我解除你的暗示……”

如此让受试者看到实际不存在的事物称为“正向幻觉”，而让其看不到实际存在的事物则称为“负向幻觉”。

拖鞋变成小猫的暗示

首先，问催眠状态下的受试者：“猫和狗，你更喜欢哪个？”假设受试者回答：“我更喜欢猫。”

然后脱下受试者的一只拖鞋，将拖鞋递给受试者，并说：“这里有一只可爱的小猫，抱抱它。”受试者就会开始抚摸拖鞋，就像真抱着一只猫一样。

● “这只小猫是什么颜色的？”

● “白色、黑色，还有一点茶色的毛……”

● “三种毛色的猫，对吗？”

● “恩，是的。”

● “是公猫，还是母猫？”

● “母猫。”

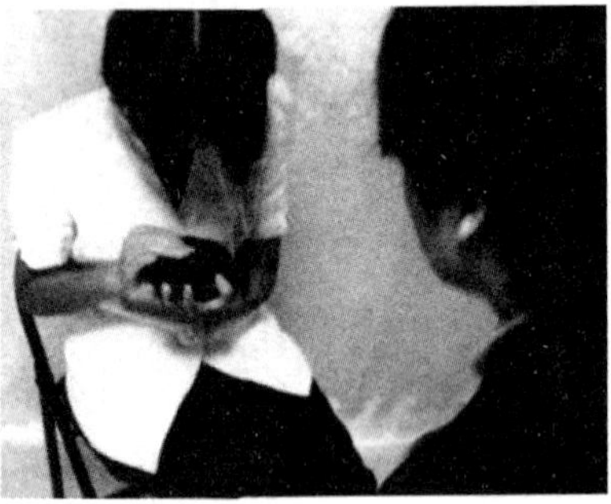

与其突然暗示说拖鞋变成了小猫，不如事先在催眠状态时就先进行一次暗示彩排，如此暗示的效果会更好。

像上述这样问答，可以让受试者想象中的猫更清晰。当其印象更完整而详细时，就可以解除催眠了。

“我数3下，你就睁开眼睛。睁开眼睛你就会看到手中抱着的可爱的三种毛色的猫……3、2、1！好的，睁开眼睛！”

受试者睁开眼睛，也会深信自己手中抱着一只小猫。适当的时候解除其催眠状态，受试者就会很惊讶地发现手中抱着的是拖鞋而不是小猫。

手机颜色瞬间改变的暗示

从深度催眠状态中醒过来的受试者，其可受暗示性依然很高，因此不需要让其再次进入催眠状态就可以让他产生幻觉。

- “这款手机是什么颜色的呀？”
- “黑色的。”
- “黑色的吗？”
- “是的。”
- “仔细看，这是白色的。”

一边用手遮住手机，让受试者暂时看不见手机。然后再把手机拿到受试者眼前，“看，白色的，对吧？”受试者就会表示赞同：“真的是白色的。”有些受试者会非常惊讶。

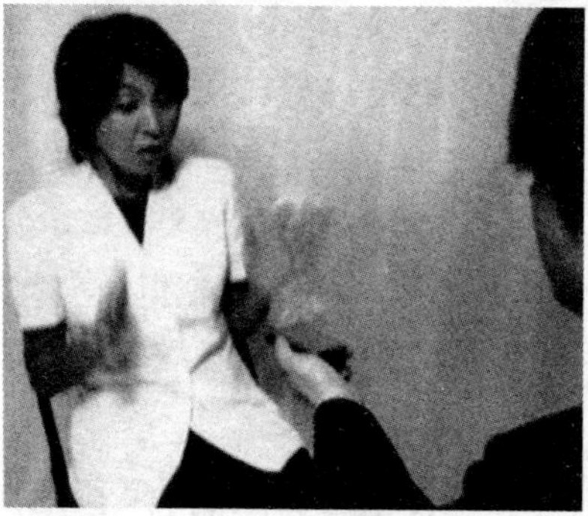

受试者刚从深度催眠状态中醒过来时，可受暗示性很高，可以根据其可受暗示性的程度让其产生相应的幻觉。

如此，只要可受暗示性依然很高，就可以加入任何催眠暗示。如果面向受试者，对他说："你越来越困……越来越困……"他就会再次进入催眠状态。

虽然觉醒法可以让其马上从催眠状态中清醒过来，但是其可受暗示性高涨的状态却要经过好几个小时才能恢复常态。

或许有些读者会疑惑："在这几个小时的时间内，如果去外面活动岂不是很危险？"不要担心，在催眠中，受试者是潜意识感兴趣而注意力集中了，即便他人用和催眠师同样的语音、语调给予暗示，受试者也不会有反应。而且，对和自己没有形成信任关系的人的暗示，也是不会回应的。这点不必担心。

后记

本章由浅入深介绍了很多催眠中常见的实验。通常，首先是进入较浅的催眠状态——"肌肉支配阶段"，而后是中度催眠状态——"感觉支配阶段"，再是深度催眠状态——"记忆支配阶段"。但是，不必都按照此顺序来进行，暗示的切入方法因人而异。

很多受试者在感觉支配阶段的反应平平，但是在记忆支配阶段的反应却非常强烈。

设立标准，只是为了让催眠程序更标准、更体系，但每个人都不同，任何人都有可能不接受暗示，这一点在催眠时要牢记于心。

另外，为了让初学者更容易掌握，在此有详细的暗示范文，但是没有必要完全按照文中所介绍的那样去引导。受试者进入催眠状态后，只要能传达到催眠师的意图就可以了。因此，重要的是如何将自己的意图清楚明了地传达给受试者，让其更容易理解。受试者的无意识能够理解，他才会接受暗示。

如果你将5岁的小孩催眠，告诉他："你现在是政治家，要参选了。你现在要进行一场激情的演讲，让市民投你的票。"他也不会接受这种暗示，因为他无法理解。

催眠诱导，不是愚弄对方，而是给予对方能理解的暗示，是让对方即使不动脑筋也能明白的暗示，这就是诀窍。

3

建立信任关系示例

参加我培训的学员，有完全不了解催眠的人，也有自学了解催眠的人，还有催眠治疗师，各个水平的学员都有。我问其中一位自学催眠的学员："你认为催眠中最难的是什么？"他回答说："催眠开始前的引导和催眠中的流程。"因此，在本书中，我完整而详细地介绍了我做催眠前的引导。当然没必要和我说完全相同的话，只要能创造出类似的氛围就可以了。

建立信任关系（案例1）

2000年9月，催眠研究所接到一个咨询电话，来电者是某企划公司的人。

“我们想举办一场催眠术表演，不过我们完全不懂催眠术，所以想了解下。”

“您想了解哪方面的内容呢？”

“方便的话，希望可以直接面谈。下周一去研究所那边，方便吗？”

“好的，不过只能晚上九点之后才有时间。”

“没关系。那么我们约在周一的九点之后面谈。”

“好的。”

“我会和主办方代表两个人一起过去。”

这样，周一我见到了主办方代表（男性）和助理（男性）。我们在接待室里交谈，主办方询问是否可以录音，我允许了。助理相对比较沉默，基本上都是在和主办方代表说话。主办方代表先发问了：

“催眠术可以干什么呢？我只在电视上看过催眠……催眠术可以做到什么程度？”

“让肌肉运动、改变食物的味道、回想起忘记的事情等等……”

“是吗？还可以这样？还能改变食物的味道？”

“是的，当然并不是食物本身的味道改变，而是通过催眠操控人的味觉……更进一步说，就是控制了向大脑传递味觉信息的思维……”

“哦……我看过喝水喝醉的催眠，那是真的醉了吗?”

“是的，因为醉了的想法传递到大脑了。”(笑)

“可以改变食物的味道……”(主办方代表一边说一边记录)

“不止能改变味觉，进入中度催眠状态后，人就会容易接受五感相关的暗示。”

“中度，是指催眠状态更深了吗?”

“是的。通常我们说的是浅催眠状态，可以操控肌肉，可以轻松让他人觉得有力量或者失去了力量，还可以让人无法活动等等。”

“啊? 可以再说得具体一些吗?”

“例如，暗示说‘不能走’了后，接受催眠的人就会无法迈步，因为他腿部肌肉像催眠师说的那样无法活动了。”

“原来如此……也可以让手或者身体其他部位无法活动吗?”

“当然。还可以控制发声所需要的喉部肌肉，甚至眼睑肌肉都可以。”

“哇……”

“而且，不止可以操控随意运动肌肉，还可以操控不随意运动肌肉。”

“不随意运动肌肉？”

“手和腿部肌肉，我们日常生活中用意识来驱动，这样的肌肉运动可以控制，还可以控制平常意识不能驱动的肌肉。”

“是吗？真的吗？我还只是在电视上看过催眠……”

“……当然是真的。比如，我递给受试者水，告诉他这是泻药，他的肠胃就会对这种暗示有反应，就像真的吃了泻药一样。”

“催眠术还真是可怕……刚才你说中度催眠状态中可以操控五感，可以具体再说明下吗？”

“比如听觉，就可以让受试者听不到目前听到的声音；比如视觉，可以让受试者产生鲜活的图像感觉……”

“鲜活的感觉……像做梦一样吗？”

“受试者都说这种比梦的印象更深刻。”

“……”

“触觉的话，暗示说手开始痒之后，受试者的手就真的开始痒，暗示说手没有痛感了，他就真的会感觉不到痛。”

“真的吗？！我之前只是稍稍有点兴趣，不过真的好厉害！”

“是的。”

“之前说的味觉，吃的食物或者喝的饮料都可以改变味道，是吗？”

“是的，烟也可以，可以减轻烟的味道，也可以让烟的味道更浓。”

“烟也可以呀？”

“是的，如果我暗示说‘这是大麻’，受试者就会有吸过大麻之后的反应。”

“真的？！没有吸过大麻的人也有反应吗？”

“吸过大麻的人就会唤起之前吸食感觉的记忆，没有吸过的人就会凭想象来反应……不过都会坚信自己在吸大麻（笑），这种信念传递到大脑中，对于他们来说都是很真实的（笑）……”

“其实，没和您谈之前我一直都持怀疑态度，他

(指着助理)提出这个催眠术的活动时，我还在想他是不是有毛病呢。不过，我还是在网上查了些资料，似乎还蛮有意思的(苦笑)……”

“是么?”(笑)

“……之前我在电视上看到过一个催眠，催眠师说变成猴子，结果那个人就变成了猴子，这是怎么回事？看那个表演，觉得催眠似乎什么都可以做……”

“这是催眠术中的‘人格转换’。”

“真恐怖……”

“不恐怖(笑)，那只是表演。”

“表演?”

“是的，无意识中的表演……”

“……”

“简单解释下吧。人的这种自我，有意识层面可以表演的部分，也有无意识层面表演的部分。催眠术是接近无意识的一种技术，因此可以引发无意中的能力。”

“无意识层面的表演?”

“意识层面的表演，比如我们通常所说的‘仪态’、‘姿态’等。无意识层面的，比如看完讲述黑道的电影，从电影院里出来，走路时肩膀前后摆动的幅度就会变大，就像迎着风、意气风发的感觉。想象一下……”

“对，确实如此！太厉害了！不过，如果不解除催眠，就无法恢复，是么？”

“不是，看完黑道电影的人，过一段时间后其走路方式就会恢复正常了。同样，催眠术也是如此，就算不解除催眠，过一段时间后受过催眠的人也能清醒。”

“不用解除？”

“当然催眠的最后要解除催眠，不过如果万一没有解除，好好向他说明催眠的本质，他也能随着时间而渐渐从催眠状态中清醒过来。”

“这样啊……”

“我们人类有恢复到本来的自己的能力。这是一种深居深层潜意识的力量，催眠也无法抵抗这种力量。”

“明白了。”

“也就是说，正因为有了‘原本的自我’的能力，所以不论是意识层面，还是无意识层面，都可以进行表演。进入了催眠，但原本的自我是没有改变的。催眠术不是让人格发生变化，而是诱发出了‘无意识的表演能力’……”

“原来如此。催眠的影响力真是大呀，现在我都有点想举办催眠活动了。”

“还有，记忆是怎么回事呢？”（主办方代表一边看笔记一边说）

“进入很深的催眠状态，就可以进入记忆阶段。”

“还可以操控记忆？”

“如果暗示对方想不起自己的名字，他就会真的想不起自己叫什么了。”（笑）

“啊？”

“你是不是很惊讶。（笑）不过，只是暂时抑制了回想能力，并不是他真的忘记了自己的名字。因此，只要在他面前打一响指解除催眠，他就会想起。”（笑）

“哦……”

“催眠术本来就是作用于他人无意识的一种技巧。”

“恩。多少明白了些。”

到这里时，家里打来电话，谈话稍稍中断了。1~2分钟后，接完电话，还是主办方代表先发问了：

“有可以被催眠的人，也有不能被催眠的人吧？”

“是的。我们人类都是有意识与无意识的，理论上来说可以将任何人催眠。但是，确实有些人不容易被催眠……”

“那么……要是催眠失败了怎么办？”

“也不会怎样，只是失败了而已。那是因为实施催眠的人没有让被催眠的人集中状态，催眠状态实际上就是精神统一的一种状态。”

“是不是就是睡着了？”

“不是，只是集中了。”

“对暗示集中精力了，是吗？”

“是的，更准确的说法是，集中于催眠术这种媒介了。”

“我想看看催眠过程，可以让我看看吗……”

“可以。那你们谁来接受催眠呢？”

“请催眠他吧。”（主办方代表指着助理，笑）（助理调整了状态，表情认真起来）

“好的，请双手合十放在胸前，让心沉静下

来……”

20天后，我作为催眠师参加了他们举办的催眠活动。

建立信任关系（案例2）

2003年4月，催眠研究所从东京迁到香川，举行了第一次的讨论会。持有认证催眠师资格（催眠研究所颁发）的人聚到一起，交换心得与信息，练习催眠技巧。如果有普通民众愿意作为体验者接受催眠，那就可以进行现场示范（从建立信任关系的阶段开始）。通常我们会选择从未有过被催眠经历的受试者。

我是指导老师，一般很少会在讨论会上做示范，不过这是在香川的第一次讨论会，因此由我进行了示范。当天马上就有一位志愿者来到了现场，并同意了我们录像的请求。

受试者24岁，女性。

“你好，我是林贞年。初次见面。”

“初次见面，请多关照。”

“也请你多关照。”

“……”（受试者很紧张）

“有点紧张，是吗？”

“恩，有点紧张……”

“你现在最担心什么呢？”

“不知道会发生什么……有点担心。”

“担心吗？”

“感觉很糟糕吗？”

“没有觉得糟糕。”（笑）

（大家都笑了）

“……那么，这个环境中，你最在意什么呢？”

“学生们吧……”

“我也这么觉得。他们可都紧紧地盯着我们呢。”（笑）

（大家都笑了）

“……什么时候开始感兴趣的呢，对催眠？”

“大学的时候，我主修心理学，也看到过现场催眠。当时催眠师说如果有人想体验也可以上台，但是我有些犹豫……不过后来又后悔了，要是当时上了台多好。”

“这样，那就没必要向你详细解释催眠了，是吗？”

“是的，不用。不过现在很紧张，七上八下的。”

“七上八下也没关系……现在，你最在意的是什么呢？”

“老师。”

“我吗？”

“是的。”

“好答案。”（笑）

“呃，开始紧张了。”

“那这样吧，我先做一点催眠，然后解除，再接着催眠，再解除，这样一点一点深入可以吗？”

“好的，这样我比较安心。”

“好的。那你这样，双手伸向正前方，左手的手心向上，右手竖起拇指……”

建立信任关系（案例3）

1997年7月，一名43岁的男性来找我，要接受催眠治疗。快结束的时候，他对我说，他希望下一次能带妻子过来。其实他的妻子不是想接受催眠治疗，只是对催眠感兴趣。他是想学会催眠，然后自己对妻子做催眠。

当天，我见到了他们夫妇俩。咨询一开始，他就问我："我可以录音吗？"那时我并没有打算公开我的催眠技术，犹豫了一小会儿，不过后来想如果只是声音的话应该没有问题，所以最后允许了。这份记录就是来自当时的录音。

妻子先说话了：

"自从来这里咨询后，他就总是说催眠……"

"是吗？"（笑）

"他在家里总说催眠是他从小的梦想，说这个的时候感觉跟个孩子一样。"（笑）

"是么？"（笑）

"……催眠，真的会像电视上的那样吗？"

"你看过什么样的？"

"印象非常深刻的是，告诉被催眠的人'初恋出现在你面前了'，结果他就会对着面前的空气说话……真的看见初恋了吗？"

"是的，如果进入了深度催眠状态，任何事物都能看见。”

“类似超能力吗?”

“是的，不过人本身就拥有看到幻觉或产生错觉的能力。催眠只是诱发出这种能力而已，不过不是超能力……”

“……”

“催眠只是将人身体里本身有的事物诱发出来的一种心理技巧而已。”

“啊，好像明白了点。”

“如果催眠很恐怖的话，大家就会逃离催眠师的，对吧?但是没有人逃离，是吧……”

“是哦，我放心了。不愧是林老师。”(笑)

这时，丈夫提议了:“要不让老师给你催眠?”

“唔，老师，我还想问一件事情。”

“你想了解什么，尽管问。”

“我不会记住催眠中的事情，对吗?”

“进入深度催眠状态后，有些确实会不记得。”

“被催眠的时候没有意识，是吗?”

“为什么会这么问?”

“电视上这么说的，演员说的……”

“没事的，(笑)有意识的。进入催眠后，心就稳定了。受到任何刺激后，心都会有触动，对吗……受到大的冲击，触动就大。有触动，印象就会很深刻。有些很大的事件，就是很难忘记，对吧？”

“是的。”

“催眠中没有记忆，是因为心是安定的，这就表明进入了深度催眠状态。”

“不动的心？”

“是的，心完全不会动，这个什么意思，你明白吗？”

“……不明白。”

“很安心的时候，心就会不会动。进入催眠状态后的演员，虽然可能反应比较大，不过确实是放心地把自己交给了催眠师。”

“是吗……”

“进入催眠状态，虽然身体力量丧失了，但是你会安静地倾听催眠师的话，就是这种感觉。”

“……是睡着了吧？”

这时我转向他，问他：“是睡着了吗？”

他转头向妻子解释说：“迷迷糊糊的感觉，但是不是睡着了……老师说什么，我就会想的确是这样，不会想着抵抗什么的……”

“到底是什么状态呀？”

“进入催眠后，大脑不会思考，心比较静，这个你听你老公说了吧？”

“没有呢。”

“他告诉过你手和腿都会没有力气吗？”

“没有。”

这时他插话说：“我想由老师告诉你更好。”

“这样啊，谁说都没关系的。”（笑）

“刚进入催眠时，无意识中让身体做了稍许活动时，也会很兴奋，这个你知道吗？”

“不知道。”

“觉得催眠恐怖吗？”

“不，如果是兴奋的感觉的话，还好。”（笑）

“你将双手抬起与肩同高的高度，手臂伸直……像这样……”

后记

关于本章介绍的讨论会上的信任关系建立案例，有人可能会认为：稍微了解催眠的人，与其建立信任关系所需要的时间会较短。可能也有人会认为：要与其详细讨论不安，修正他对催眠的误解才好。

信任关系的建立与时间并不绝对关联。本章选取的是让读者易懂的案例，而实际上在很多案例中，建立信任关系所需要的时间非常短。

如果在催眠开始前花费太多时间，会让对方感觉疲劳，如此只会让催眠更加困难。我认为，不要说太多话而让受试者不安或者想离开，说得稍微欠缺一些比较好。

催眠研究所开始直接指导催眠的半年后，当时的工作坊上不会用志愿者，而是在听课的学生当中选择一个可受暗示性高的人作为受试者，现场示范技巧。通常都是5人一个班，有5个人的话就不需要单独的志愿者了。那次有6名学员，工作坊开始15分钟后，发现了两名可受暗示性高的学员。

但是，突然有一名学员提问催眠与洗脑的问题，让整个课堂的氛围完全改变了，让对能够掌握催眠术而兴奋不已的学员开始不安起来。

“进入催眠后，生命层次的无意识（保护我们生命的无意识）也会一直守护着我们，所以这时的洗脑很困难，比平常状态下的洗脑更难。因为你的心对催眠做好了准备，即便是在催眠状态下，它也只让你操控可以操控的部分，所谓的催眠洗脑是不可能的事情。”

本来应该再详细说明一番的，但是这个工作坊是初级工作坊，时间只够用来教授催眠技巧，因此只做了最简短的回答。

但是，学员们开始围绕着“洗脑”展开了无数联想，生命层次的无意识开始抱有不安情绪后，他们就会开始思考各种令自己不安的信息。后面的提问都是关于不安的，很明显，他们仍然处在不安状态下。

到了实际展示技巧的时间，不安情绪达到顶峰，结果可受暗示性高的学员也开始抵抗催眠，无法将其引导进入深度催眠状态。还有学员在接受暗示身体往后倒的过程中，惊叫出“啊”。

那一次的工作坊我印象非常深刻，最后我艰难地带完了。举这个事例，是想说明催眠前的准备工作是非常重要的。

4

各种催眠导入法

固定凝视法

我在催眠室的墙上钉有图钉，以让受试者凝视此点。图钉的高度大约在距离地板2米左右。

受试者坐在椅子上，催眠师站在其右侧（或者左侧），要在能充分观察到受试者表情的地方。

催眠师告知受试者凝视一点，站在能看到其眼睛的地方开始暗示。

“请你注视墙上的图钉，尽量不要移开视线。如果不小心移开了，请再集中注意力……就这样盯着图钉，将注意力转移到自己的脚上……脚越来越沉了……像铅一样沉了，感觉非常累……脚越来越沉……然后将注意力转移向手臂……手臂越来越沉……两只手都变得像铅一样沉，感觉非常累……越来越沉……眼睑也开始变沉了，眼睛觉得很累……眼睑变得像铅一样沉……越来越疲劳，开始犯困……越来越疲劳，越来越困……都想闭上眼睛了……闭上眼睛后，感觉越来越舒服……心情越来越好……开始深呼吸……吸气……停止吸气！……吐气……吸气……吐气……随着深呼吸，身体越来

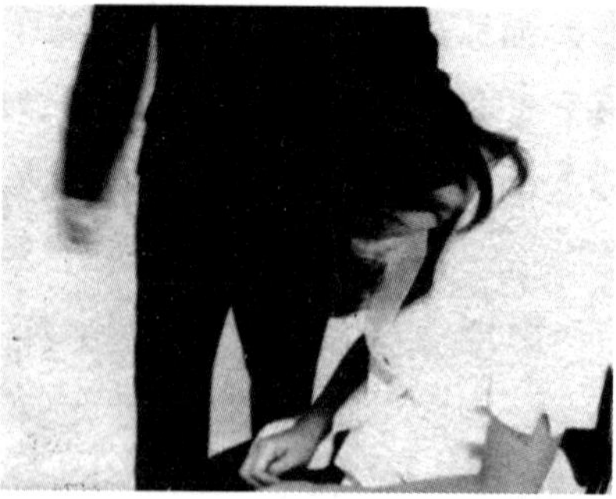

给予脱力暗示，直到受试者的身体失去力气。如果失去力气的暗示做了很多，但受试者的头部一直直挺，说明他可能并未进入催眠状态。

越放松……深呼吸，心越来越放松，进入催眠状态……”

这种盯着某固定点的方法就是固定凝视法，也就是固定受试者的眼球。日常生活中，我们在对话的时候，仔细观察你会发现，双方的眼球是在运动的。这表明我们在进行思考，以从大脑中获取信息。而催眠诱导中，需要让受试者不产生其他杂念，让他全盘接受暗示。因此，就需要固定眼球的运动，抑制他的思考，让他更容易接受暗示。

眼球运动法

首先，准备一根长约30厘米的线，在其一端系上一重物，做一个单摆。催眠师站在受试者的旁边，把手放在其肩膀上，让其安心。再把单摆拿到受试者的眼前，摆锤高度要略高于受试者的视线。

然后，让单摆左右运动，开始如下暗示：

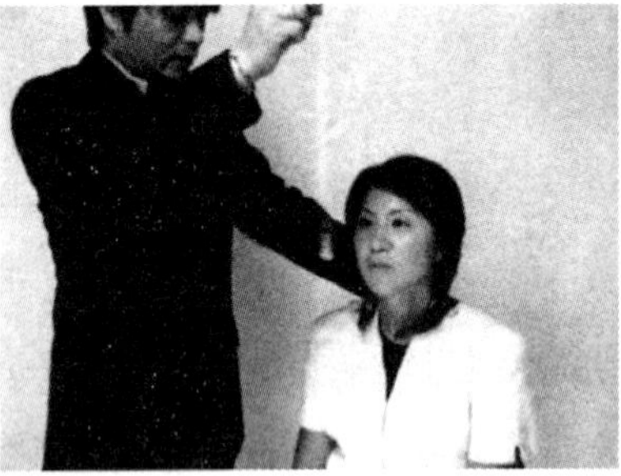

不要让单摆的摆动幅度太大，让其摆幅从20厘米渐渐变小。摆幅渐渐变小时，也一点一点地下放单摆。

“请看着这个单摆，不要移开视线……看着这个单摆，其他的事情渐渐从脑海中消失……你会注意到，你的身体渐渐没有了力气……你也会注意到，自己的手和脚也发生了一些变化……闭上眼睛后，头开始往前倒，心情变得舒畅……对，就是这样，头慢慢往前方倒，渐渐进入深度催眠状态……”

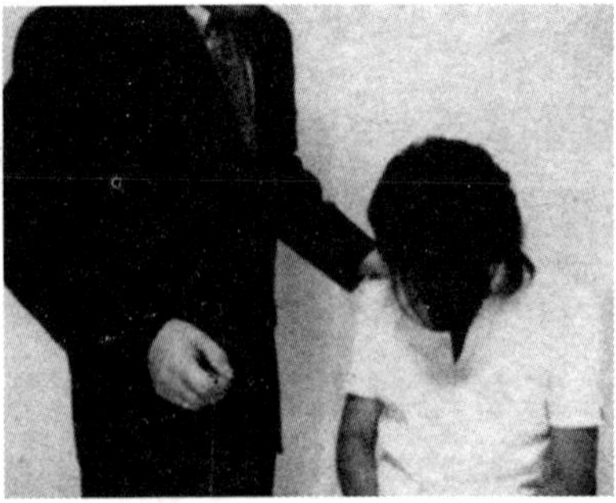

给予头向前倒的暗示后，在受试者的头确实往前倒的这个过程中，尽可能多追加失去力气的暗示，如此引导的效果会更好。

让眼球的左右运动节奏化，就能激发人的本能。这一方法中，有一诀窍：在受试者集中注意力期间，将单摆慢慢往下放。

如果受试者闭上了眼睛，就要立即加入头往前倒的暗示，让其进入催眠状态。

魅惑法

让受试者坐在椅子上，催眠师坐在其对面（也可以双方面对面站立，或者催眠师站在受试者面前），开始如下暗示：

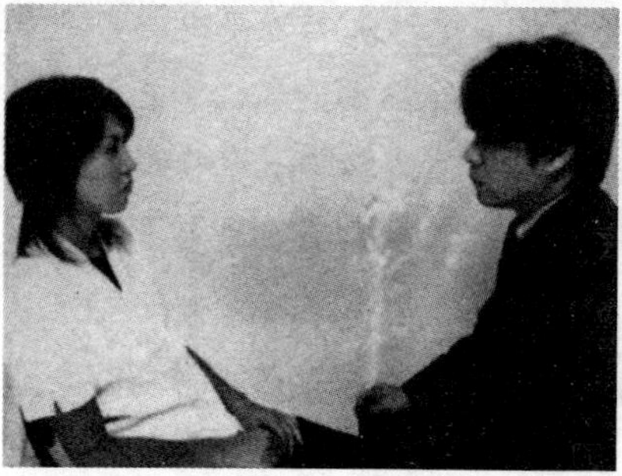

催眠师和受试者的距离要保持在膝盖几乎要碰上的距离（让对方觉得似乎有点近），不过不要过度接近，那样只会起反作用。

"看着我的眼睛，不要移开视线……绝对不要移开视线……看着我，你感觉越来越困……越来越困，越来越困……眼睑失去力气，眼睛渐渐阖上……眼睛阖上后，你越来越放松，进入催眠状态……非常困，都要睡着了……接下来你会按照我所说的去做……我再说睁开眼睛之前，无论发生什么都不要睁开眼睛……在我说醒来之前，你都会持续在这种深度的恍惚状态中……”

待受试者闭上眼睛后，马上将手放到其肩膀上，一边暗示，一边轻轻地将受试者的肩膀往前方掰动，如此受试者就会顺利地往前方倒。

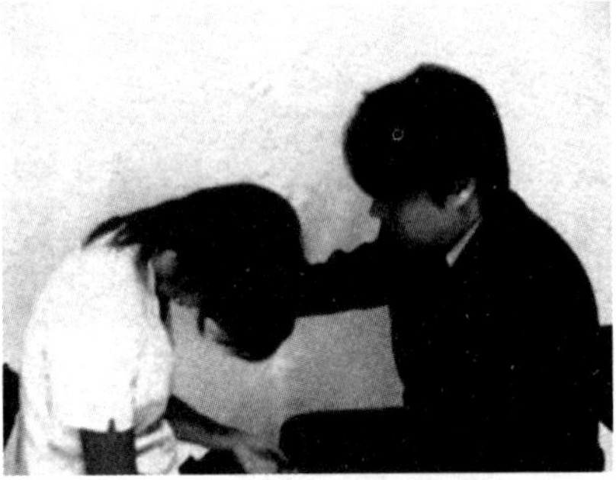

双眼注视和距离的微妙压迫感让受试者进入紧张状态，将这种紧张状态引导至放松状态就可以了。好的铺垫也就成功了一半。

另外，眼神的交流也可以激发其潜意识中的好感。例如，如果敌对的两个人眼神交汇，他们就会开始吵架；而相爱的两个人，则会马上更靠近彼此。因为眼神交汇时，那一刻的心理状态就会表现出来。那么，为什么眼神交汇时，潜意识就会跑出来呢？

因为这时人会感觉到压力。有压力就会进入恍惚状态，而进入恍惚状态，理性就会停止活动而本能开始活跃。当然，催眠师也会感觉到压力，所以如果你抗压能力弱，那就看受试者的鼻梁（眼睛和眼睛的中间），这样引导的时候会感觉轻松些。

实在不行，不看受试者的眼睛也可以，看他的眼睛周围，只要让对方觉得你是在看他的眼睛，如此引导也会有效果。

眼睑开阖法

让受试者注视某一点，当然也可以注视催眠师的眼睛，这里我让受试者注视的是墙壁上的某一点。

催眠师站在受试者的旁边，一边观察其眼神和脸上的表情，一边给予如下暗示：

"接下来我会开始数数，数到奇数时请你闭上眼睛，数到偶数时则睁开眼睛……准备好了吗？那么我开始了……1，闭上眼睛……2，睁开眼睛……3……4……5……6，眼睑变得越来越沉……7，开始感觉身体疲惫……8，眼睑慢慢下垂，眼睛阖上了，再也睁不开了。眼睛睁不开后，头往后倒……往后倒，进入深度睡眠状态……进入深度睡眠状态。”

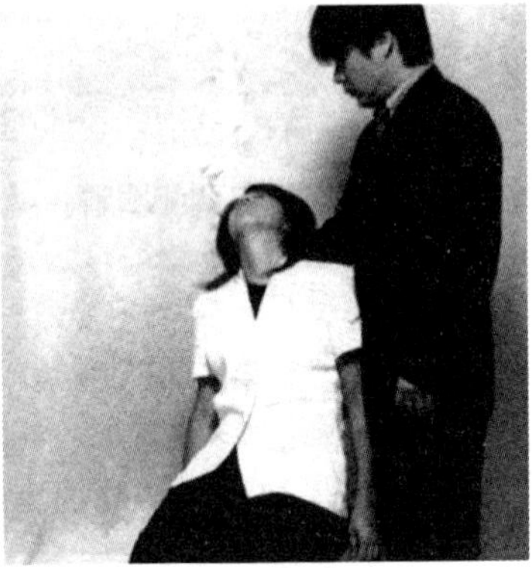

对于初学者来说，这个方法比较难，不过只要多加练习就好。比如，还可以让其吐气的时候闭上眼睛，而呼气的时候则睁开眼睛。这样催眠师还不用数数了。

闭上眼睛后的那一瞬间容易受到暗示，睁开眼睛后的那一瞬间也容易接受暗示，这是我们人类的一个特性。这个方法就是借用了此特性，催眠成功率非常高。

催眠师数数的时候，要一边观察受试者的反应，一边加入合适的暗示。如果只是关注数数而忽略了观察受试者的反应，就会错失暗示的时机；而如果只是关注受试者的反应，则有可能数错数。

需要补充的是，即便数错数了，也不代表催眠诱导失败了。但很多受试者都会关注于数错数的那一时刻，而影响了他的注意力。总之，这个方法对于初学者还是有一定难度的。

这一方法由米德利·弗洛瓦创立，因此也被称为“弗洛瓦法”。

放松法

这个方法可以让受试者坐着，传统的做法是让其仰卧着。让受试者的两脚打开与肩同宽，手自然地放在身体的两侧。手心可以往下也可以往上，都没有关系，但不要让手触碰到身体。根据受试者个人的感觉，也可以放置枕头让其更舒适。

摆好姿势后，开始如下暗示：

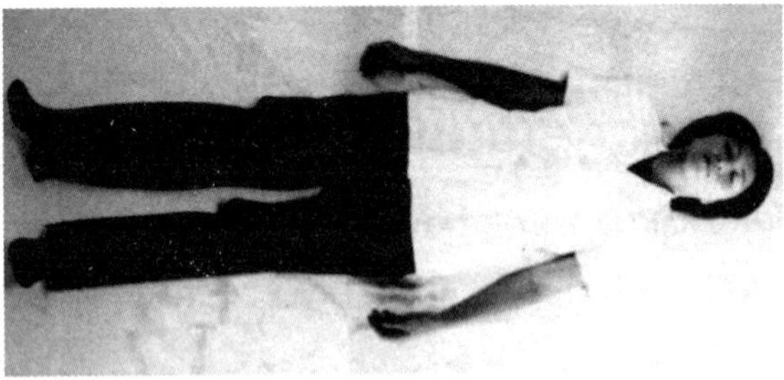

放松下来后，人体内的血液循环就会变得更好。因此，受试者的姿势要让其血液循环通畅，这个是放松法的关键。

“请闭上眼睛……每一次深呼吸，身体的力量会渐渐失去一些……充分呼气，吐气……腿没有了力量……呼气……吐气……腿越来越没有了力量……手臂也没有了力量……吸气……吐气……手臂越来越没有了力量……脖子也没有了力量……呼气……吐气……脖子肌肉渐渐放松……头也没有了力量……感觉心也没有了力量……全身力量丧失，进入深度睡眠状态……每一次呼吸，都感觉全身更加没有力气，你进入了深催眠状态……现在想象我所说的话……充分想象我所说的话……”

催眠的本质就是集中。受试者无批判地接受

暗示，就表明催眠中非常重要的法则——“集中一点”——得到了实现。为了促进受试者的注意力集中，就需要清除其杂念。

但是，我们的心理却遵循的是“努力逆向的法则”，越是想要清除杂念，反而越会让自己受困于杂念。因此，催眠就要利用身体和心理的相互关系。

心里的杂念和身体的紧张程度是有关系的。如果有杂念，身体必然有一个部分会用力。虽然直接清除杂念比较难，但可以通过让全身的力量丧失来间接地清除杂念。杂念清除了，自然就可以将注意力集中在某一点上了。

渐进放松法

这一方法可以采用仰卧姿势，也可以采用坐姿，这里选择的是坐姿。

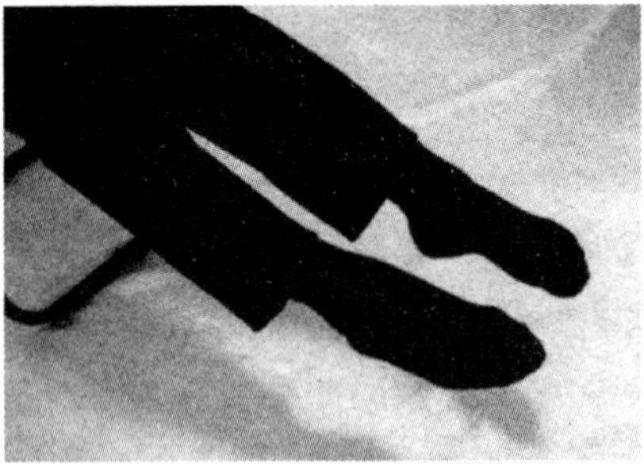

如果引导其用力过度，可能会让受试者的脚蹦得太紧而受伤，这个引导的力度催眠师要掌握好。

“请伸直腿……笔直地伸直！再用力！感觉小腿的紧张……保持这个姿势，然后让脚趾回勾朝向自己的脸的方向……再紧绷，感觉脚踝的紧张……再用力，充分感觉脚的紧张……然后一下子放松下来，完全不用力了，感觉脚完全放松的感觉……”

从受试者的小腿用力到脚踝处用力，转换过程中不要让受试者有不用力的时候，如果受试者途中停止用力了，就重新再做一遍。

“……现在请握紧拳头……用力握紧拳头！用力，感觉手都在颤抖了……用力，保持用力的感觉，慢慢一个一个地伸开手指……将手打开，让手指之间的距离尽可能地远……再打开……再打开……然后一下子松下来，感觉手的完全放松的感觉……”

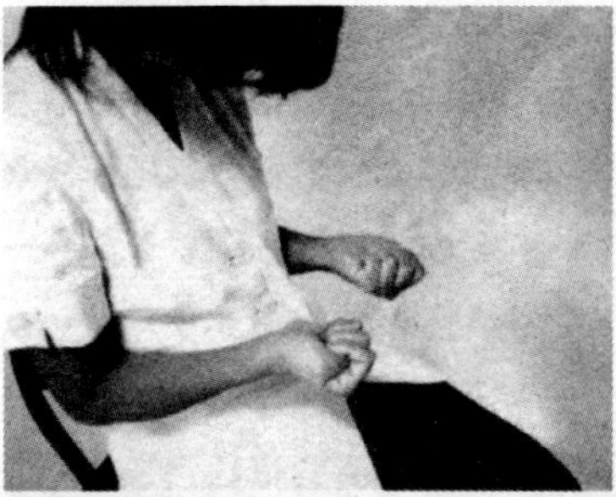

大拇指紧握在手心或者置于手心外都可以，而如果受试者是男性，就不要让其将大拇指紧握在手心，让其像通常那样握拳，力量会更大。

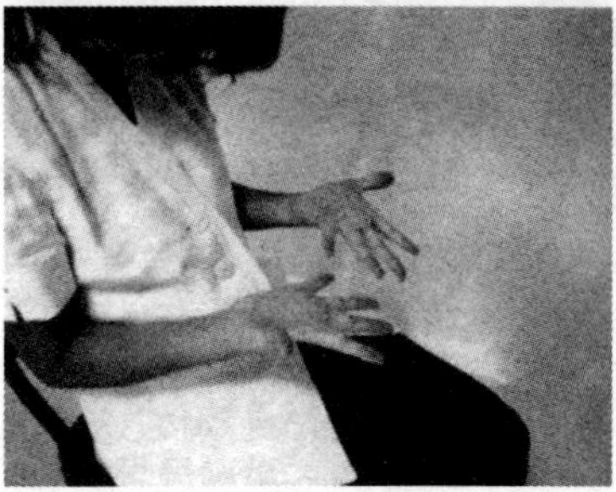

如果受试者不能充分理解引导语，催眠师可以在一旁做示范，让引导过程更顺畅。

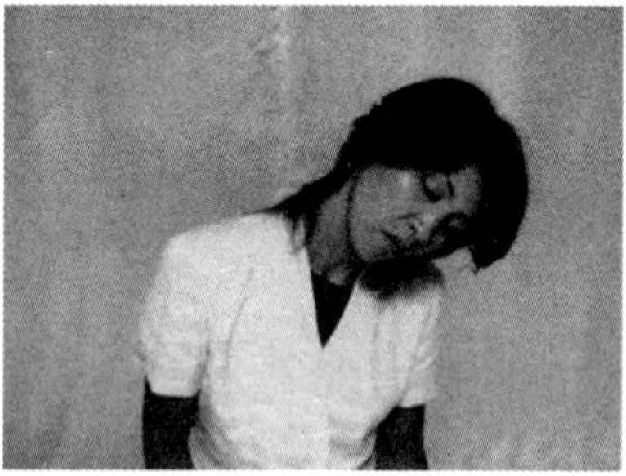

催眠中，让受试者的脖子放松很重要。即便身体其他部位没有用力量，脖子用力也没办法放松。

“……接下来，将头部往左边倒……充分拉伸脖子右边……用力往左倒，感觉右边都有点疼了……然后一下子松下来……”

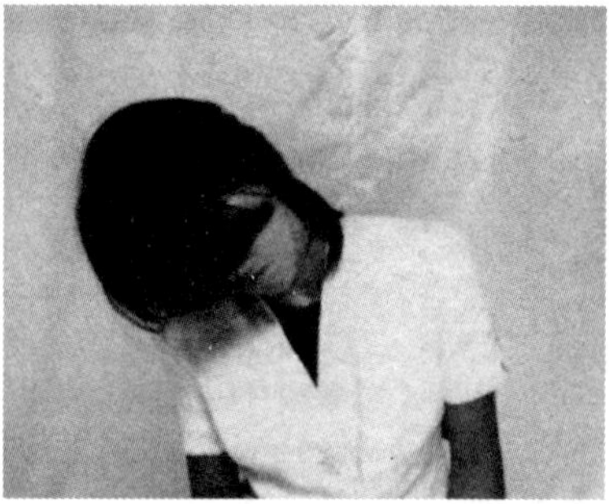

颈部有很多神经细胞和毛细血管，还有动脉，因此消除脖子肌肉的紧张感对于意识状态的转变有非常大的促进作用。很多受试者的意识状态就在此时发生了转变。

“……接下来再往反方向，将头部往右边倒……用力往右倒……感觉左边有点疼了……然后一下子松下来……”

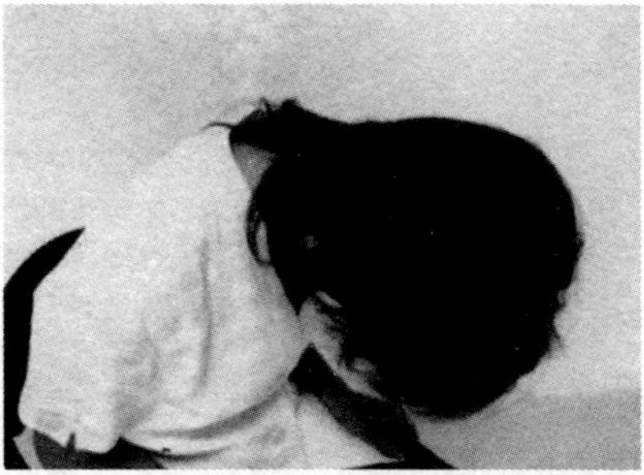

肩膀和肩胛骨之间的肌肉是连在一起的，要让脖子后面的肌肉到肩胛骨之间的肌肉充分紧张，再让其放松。

“……再让肩膀往后方用力拉……让胸部尽量挺起来……再用力……保持这个姿势，将头往前方倒……让肩膀尽量往后，而头顶尽量往前方伸……头再往前伸……然后一下子送下来……”

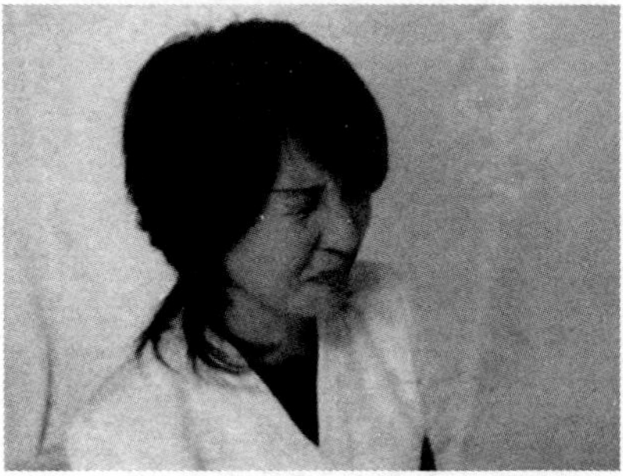

如果这一连串的紧张放松之后，受试者还是没放松，那就从腿开始重复一遍。如果重复两次仍然不够，可以重复三次。

"……接下来，紧咬牙齿……再用力……保持这个状态，闭上眼睛……用力闭眼睛……眼睑再多用力，紧紧地闭上眼睛……然后一下子松下来……感觉身体的充分放松……进入深深的恍惚状态，心情非常平静……"

渐进放松法的特点就是：不只让身体部分失去力量，而是让身体逐步紧张而后暗示其丧失力量。比起单纯地给予丧失力量的暗示，这种先紧张后失去力量的暗示效果更好。

自生训练法

让受试者仰卧在长沙发上，给予如下暗示：

"请尽量放松，心情舒畅……首先，注意你的右手臂……想象你的右手臂很沉，很温暖……变得像铅一样沉，感觉越来越温暖……现在，注意你的左手臂……想象你的左手臂很沉，很温暖……变得像铅一样沉，感觉越来越温暖……再将你的注意力转到右腿，感觉你的右腿很沉，很温暖……变得像铅一样沉，感觉越来越温暖……接下来是你的左腿……感觉你的左腿很沉，很温暖……变得像铅一样沉，感觉越来越温暖……你发现你的呼吸越来越轻松……喉咙变得很大，氧气充分进入体内……心情非常舒畅，感觉呼吸非常充足……深、深呼吸，感觉越来越平静……心脏规律地跳动着……心脏规律而安静地跳动着……感觉越来越平和……腹部也变得温暖，心情非常好……腹部越来越温暖，感觉非常安心……腹部越来越温暖……再来关注额头，感觉非常放松，非常舒服……额头开始变凉，什么也不想……你没有了不安与压力，只感觉到完全的安心……我的声音变得越来越清晰……”

这个方法是德国的舒尔茨博士创立的，他听取了体验者进入催眠状态后的感想，并以此创立的一种自我催眠法，他也将此方法应用到了催眠他人。

自生训练分为六个阶段，第一个阶段是肢体沉重感训练，第二个阶段是温暖感训练，第三个阶段是呼吸训练，第四个阶段是心跳节奏训练，第五个阶段是腹部的温暖暗示，第六个阶段是前额发凉的暗示。这一自我催眠法非常有体系，享誉全世界。

因为此方法建立在进入稳定催眠状态后的受试

者的感想上，因此可以说是一种暗示公式，这种公式可以创造出理想的催眠状态。尤其对于可受暗示性很高的体验者而言，这种诱导方法可以让其快速进入安稳的催眠状态。

球体心像法

让受试者仰卧在躺椅上，进行如下暗示：

“闭上眼睛，感觉额头正中漂浮起一个白色的球体……那个球是引导你进入深度催眠状态的光……那个球穿过额头，进入你的体内……在你的体内慢慢游移……球经过的地方，就会完全失去力气……它下游到了你的下颚……到了喉咙，向胸部方向移动……通过了喉部……到了胸部，向腹部方向移动……刚好到了肚脐的地方，球停止了运动，它的光增强了……光越来越强……光圈越来越大，浸透到了你的心脏……光圈越来越大，照耀到了手和脚……身体都被充分沐浴到了这个光……你的身体和心灵都进入很舒服的状态……很平静地沐浴着这个光……心里充满了安全感……你开始犯困……

心情平静地进入深度睡眠状态……深深的睡眠状态……”

进入催眠状态后，平时向外的意识会转向体内。这个方法就是引导人的感觉朝向内在，而且为了让意识不向外转移而使用了一个想象中的球，让受试者想象球就在体内移动。意识朝向内在的状态持续一段时间，受试者就会进入恍惚状态。

音乐法

首先要准备音乐课上需要使用的节拍器。让受试者坐在有靠背的椅子上或者仰卧着都可以。让节拍器缓缓地打节奏，一边开始暗示。

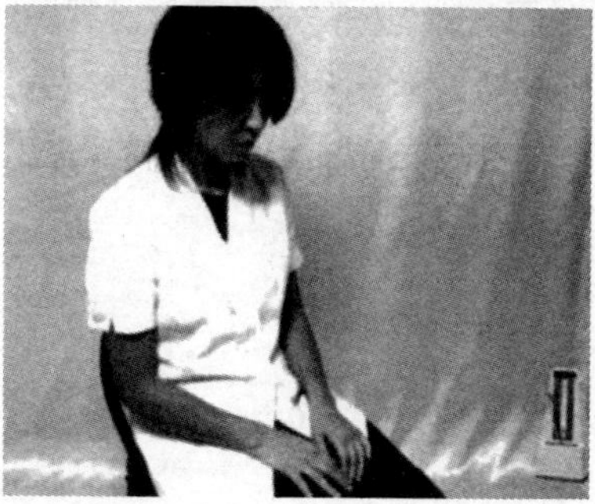

最好将节拍器设定到一分钟前后摆动40次的频率。

“闭上眼睛……注意听节拍器的声音……每一次的摆动声音，都会让你进入更深层的催眠……注意节拍器的声音，其他什么都不考虑……每一次节拍器所发出的声音，都会让你的身体更加渐渐地失去力气……心情沉稳下来……每一次节拍器的声音，都让你越来越平静……大脑一片空白……”

人的大脑有主要负责理性的意识脑，也有负责本能的无意识脑。意识脑包围着无意识脑，但意识脑容易对单调的、有节奏的刺激疲劳。也就是说，让受试者听节拍器的声音，是为了沉静理性脑，减少其判断和思考，排除杂念。这种单调、有节奏的刺激让受试者更容易接受暗示。

不仅声音，触觉或视觉上的单调、有节奏的刺激也可以达到此效果。比如，如果是触觉的刺激，可以有节奏地轻轻叩受试者的额头，同时给予暗示。或者如果是视觉的话，可以让受试者看一闪一闪的灯光，一边给予暗示。

抚摸法

让受试者坐在有靠背的椅子上，催眠师绕到受试者的身后，将双方从其肩膀开始往下抚摸其手臂，一边加以暗示。

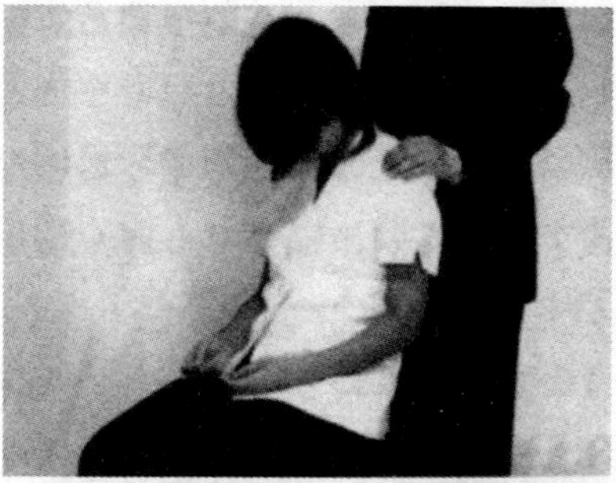

除了从肩膀开始往下抚摸手臂外，还可以从脖子的下端开始抚摸至肩膀外侧。两种方法都需要同时给予暗示。

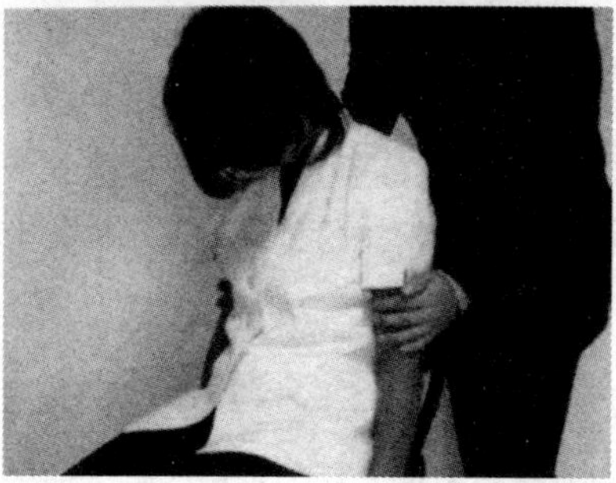

如果上述两种抚摸方法同时进行，则先要从脖子到肩膀外侧抚摸数次，之后再从肩膀往下抚摸手臂。

“我这样往下抚摸，你渐渐就不会再思考……心情渐渐平静，舒畅……神情恍惚，渐渐开始犯困……沉静下来，感觉非常舒服……然后，你进入深度催眠状态……”

大脑使用越多，能量消耗也就越多。而我们人类会向消耗能量的部分提供补给，于是，大脑能量消耗后，我们就会向大脑提供能量。而输送能量的就是血液。因此，过多使用大脑后，大量的血液就会流到大脑中。但是，大脑中有过多的血液，人就会产生杂念。这里要从上往下抚摸受试者的身体，就是为了不让大脑中有过多的血液。

杂念减少，血液就会下行；血液下行又会减少杂念。受试者就会更容易接受暗示。

关于意识有以下一个法则：外显意识需要大量的能量才能有稍许的活动，而潜在意识则只需要少量的能量就可以大量活动。

对于已经进入潜在意识活动领域的受试者来说，他只需要少量的能量。如果大脑中只有必要的最少量血液，人就会进入头凉脚热的状态。这种状态对于我们人类而言，是一种非常健康的状态，此时受试者会进入恍惚状态。

从深度催眠中觉醒过来的受试者通常都会反馈说过程中自己的心情非常舒畅。这是因为他进入了放松、思考抑制、头凉脚热的恍惚状态。

其实，明治和大正时期的催眠中，就有催眠师让受试者笔直地站立，从头顶开始往下抚摸到肩膀、手臂、背部、腹部，最后到脚。在结束催眠时，就从脚开始往上抚摸到腹部、背部、手臂、肩膀，最后到头顶。其实这倒不必，从停止催眠诱导开始，人类本身拥有的“恢复平时状态”的能力就会启动，血液的循环等状态就会自然恢复。

因此，即便进入深度催眠，也不需要从下至上抚摸受试者的身体，只需要让其拉伸一下手臂和腿，就可以让其迅速恢复常态，结束催眠。

需要补充一点注意事项：抚摸的时间如果过长，可能会导致受试者脸色发青，因此需要注意时间。

转头法

这个方法需要让受试者坐在没有靠背的椅子上。

催眠师站在受试者的右侧，左手抓住受试者的脖子后部，右手抓住其头部前方。然后，慢慢转动受试者的头部，同时给予暗示。

这个动作会影响到心脏，所以要以上方为基准，顺时针转动其头部。

“我这样转动你的头部，你的腿就会渐渐失去力气……手臂也会失去力气……脖子也会……全身都会失去力气……感觉越来越无力……”

如果受试者紧张或者有抵抗，他的脖子就会用力。如果强行转动其头部，可能会弄疼他，要注意手的力度。

重复以上丧失力量的暗示，确定受试者的身体失去力量后，马上追加以下暗示。

“你的身体像一根铁棒那样僵硬而挺直了！”

同时，尽可能地将受试者的身体向后倒。

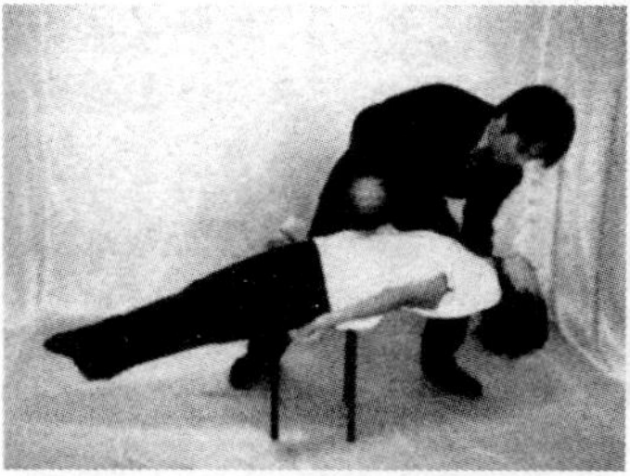

要很好地将受试者放倒需要一些诀窍，不过重要的是手要放稳，不要让受试者受伤。做这个动作时要千万小心。

为了避免受试者的头部碰到地板，左手托住其脖子。此时要支撑其后脑勺，将其身体停在与椅子等高的高度。受试者的身体会变得僵硬且伸得笔直，要不断追加僵硬笔直的暗示，让其尽可能的僵直。

“越来越僵直了！越来越僵直！僵直到感觉身体都在颤抖！……”

反复追加以上暗示，直到确实感受到了他身体的颤动。接下来，再加以丧失力量的暗示。

“接下来，你的身体会失去力量……肌肉失去力量……越来越没有力量……”一边追加脱力暗示，一边慢慢将受试者扶起。

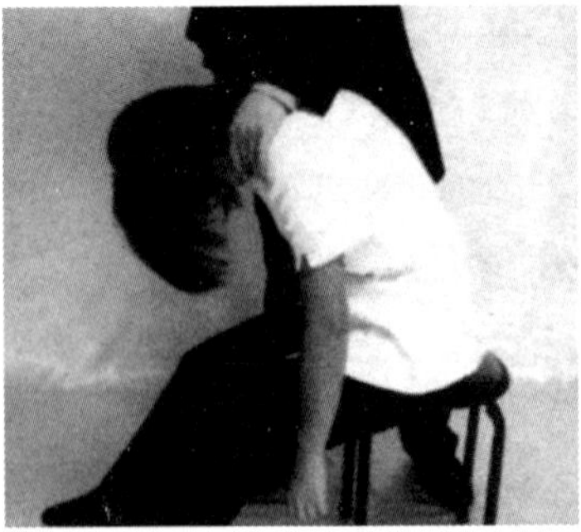

有些受试者可能无法通过不断地转头而进入身体失去力量的状态，表明他不适合这种方法，这时就需要改变诱导方法。如果一直重复转受试者的头，可能会导致受试者头晕，影响他的心情。

不断转动受试者的头部，会让他掌管平衡感的淋巴循环紊乱。直到此循环恢复常态，期间他都会较容易接受暗示。而且这种方法还会影响颈部的毛细血管与神经，让受试者进入半贫血的状态，如此他对暗示的抵抗力也就会减弱。

另外，全身失去力量后的后倒会让大脑产生加速度，从而抑制了受试者的思考。因此，这种方法也被称为一种强制催眠的方法，成功率较高。

注意，不要勉强或强迫受试者而导致其头晕。

闭着眼睛走路法

这个方法，需要两个必要条件：一是让受试者进入他从未到过的房间；二是让受试者戴上完全不漏光的眼罩。首先，让受试者戴上眼罩，催眠师牵着受试者的手，一边解说一边带他摸索门的位置。

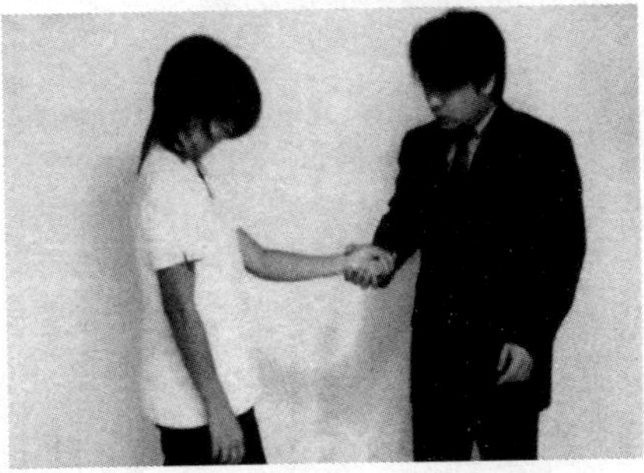

受试者现在看不见，因此不要强行拉着受试者行走，注意不要让他受伤，要慢慢进行引导。

“慢慢站起来……然后往前走……好了，站在这里……伸出手你就能够着门的把手，请打开门走进去……”

如此，牵着受试者的手，带他进入他从未进入过的房间。

“……右边有一张桌子，你向左一点走……

绕过桌子后向右拐……右拐后，你会发现腿没有力气了……好了，现在开始往右拐。腿没有了力气……”

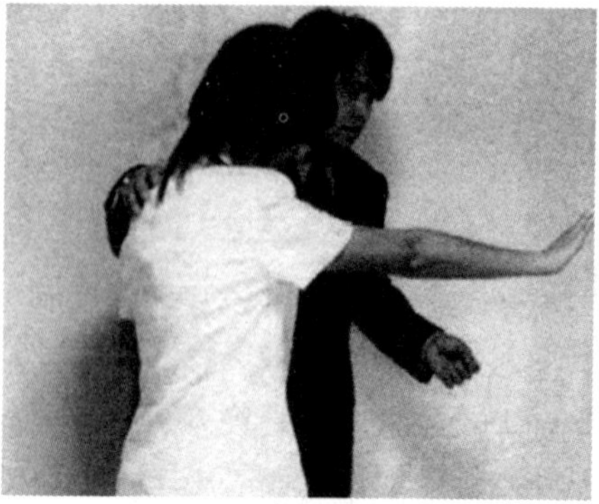

要注意不要让受试者受任何伤害，有障碍物的地方，催眠师要多加提醒。

如此引导，当受试者快站立不住的时候，抱住他将他慢慢放倒在地板上。如果受试者还有力量，那追加如下暗示：“……一直这样往前直走，手碰到墙壁后，腿的力量就会比刚才小了……”反复追加这样的暗示，直到受试者的腿确实失去了力量。

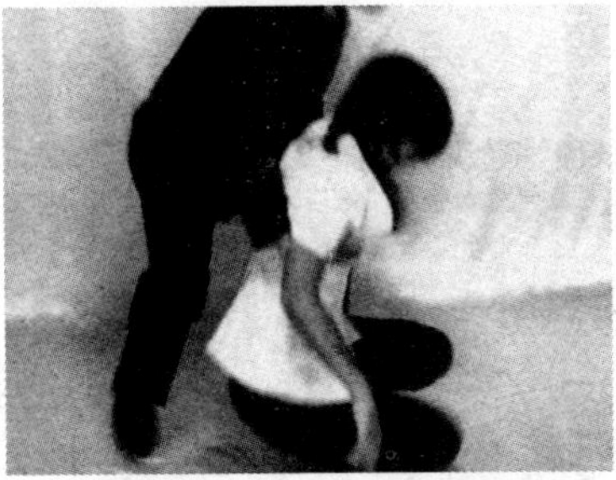

有些受试者可能会一下子就倒下来，催眠师要做好随时保护受试者的准备。

闭着眼睛走路这个行为本身就是需要依靠想象的行为。受试者无法区分实际存在的障碍物与催眠师假设出来的障碍物。当然，让受试者产生有障碍物的假象，这需要催眠师的语言功力。

这种方法实际就是强制性地将催眠师的声音与受试者的想象捆绑在了一起。

色彩对比法

首先准备一张名片大小的灰色纸，将裁成长4厘米、宽1厘米的黄色和青色纸平行贴在这张灰色纸上，黄色和青色纸之间要间隔大约5毫米。让受试者坐在椅子上，右手拿着这张催眠卡片。催眠师开始如下暗示：

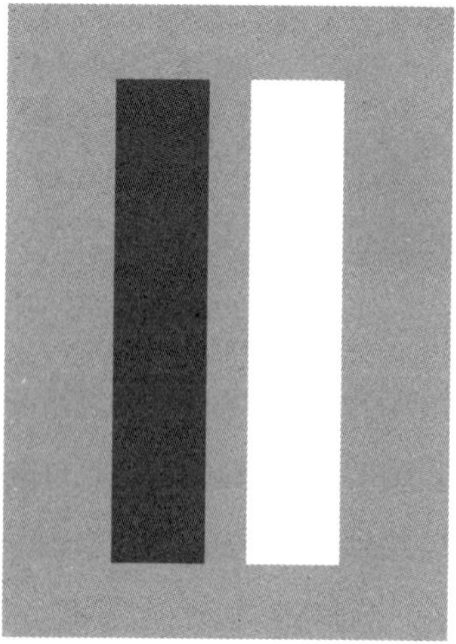

受试者只要凝视卡片正中间，就会出现颜色彼此渗透的现象。催眠师暗示这种现象是进入催眠的表现，因此受试者就会如此理解，认为自己进入了催眠，从而会真正进入催眠。这种将色彩对比现象引入催眠诱导的方法由荷兰的修克比斯创立。

“这张卡片叫做催眠卡，看着这张卡片，你就会自然地进入催眠状态……看着卡片正中间……一动不动地看着……不要移开视线……你渐渐进入催眠状态，你的体内会产生一些变化……进入催眠状态后，你会在黄颜色的周围看到青色，而且，青色的周围也会有黄色。这就表明你进入了催眠状态……一旦进入催眠状态，请你慢慢闭上眼睛。”

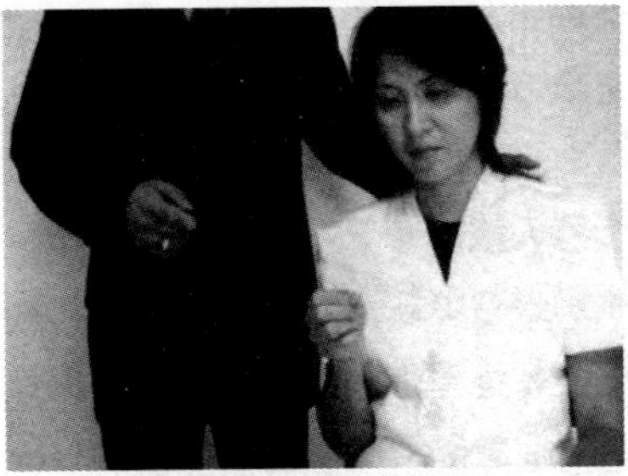

凝视卡片一段时间，就会出现对比现象。如果受试者的视线或者手稍微有一些活动，卡片颜色渗透的现象就会更明显。

等到受试者闭上眼睛，催眠师开始手臂下垂的暗示：

“……你进入催眠状态后，拿着卡片的右手臂就会下垂到腿上……右手臂下垂到腿上后，你就会完全进入催眠状态……这时，卡片已经和之前的不一样了……比如颜色反过来了……你进入催眠状态后，身体就会失去力气……然后，你进入深层的催眠中……”

这种方法实际就是一种诡计，通过让受试者自己觉得“我进入催眠了”，来诱导他进入催眠。长时间看着某个颜色，大脑就会疲劳，为了缓解这种疲劳，大脑就会发出信号，让我们看到完全相反的颜色。因为黄色的相反色是青色，青色的相反色是黄色，因此黄色小长条四周就会出现青色，而青色小长条四周就会出现黄色。将这种理所当然的事情暗示成是催眠后的表现，就是该方法的诀窍。另外还有一种卡片，会用到红色和绿色。

这种方法让受试者深信自己进入了催眠，催眠师便可以很快将受试者诱导进入深度催眠状态。当然，如果受试者事先了解这种诡计，他就不会产生这种催眠认知（认为自己进入了催眠），也就更难以进入催眠。而且，如果第一次使用这种方法失败了，受试者很可能就再也无法进入催眠状态了。

除了催眠卡，还有一种方法——催眠圆盘。

视觉刺激而引发平衡感觉的混乱，其混乱程度因人而异。平衡感觉差的受试者马上就会觉得头晕难受，这点催眠师需要注意。

转动旋涡状的圆盘，让受试者看着，于是受试者的平衡感觉便受到刺激。受试者为了保持平衡感而需要将精力大量用于理性思考上，此时他对于暗示的防御能力变弱，就有机可乘了。而且圆盘转动起来后，还可以促使受试者更多关注圆盘中心点。这利用了一点“集中”的原则。

但是，这种方法需要一个让圆盘转动起来的装置，而且会扰乱平衡感，一定程度上来说也妨碍了受试者的集中，因此不建议初学者尝试。

观念运动法

让坐在椅子上的受试者手拿单摆，单摆末端与眼睛平视的高度同高。

这个方法是利用观念的运动，不是利用视觉神经的疲劳，因此，单摆末端的高度不必高于视线的高度。

等一段时间后，开始引导。注意，这个时间以不要让受试者感觉到手臂开始累的时间为好。

“看着单摆的末端……不要移开视线……摆慢慢左右摇晃起来……想象它摆向旁边的位置……是的，就是这样，慢慢摇晃起来，摆动幅度越来越大……幅度越来越大……摆动得越来越厉害……看着它这样摆动，你的眼睑越来越沉……眼睑慢慢阖上……眼睛闭上后，手臂开始下垂……手臂越来越往下，下垂到了腿上……手臂下垂到腿上后，你就进入了深度催眠状态……沉沉地睡过去……”

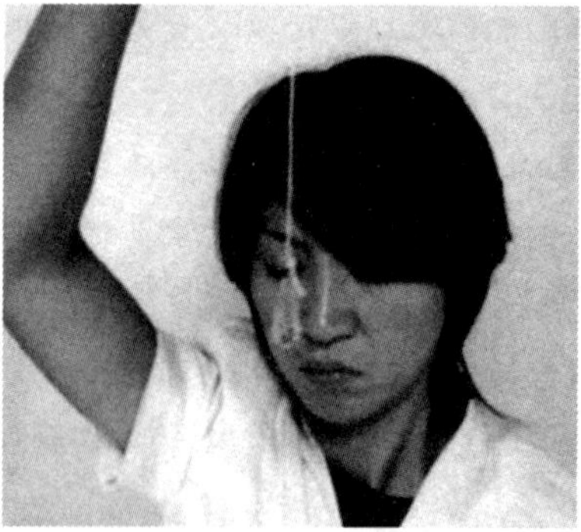

为了避免单摆掉落在地上，当受试者闭上眼睛时，催眠师就要将手放在下方，以接住单摆。但记住不要发出声音。

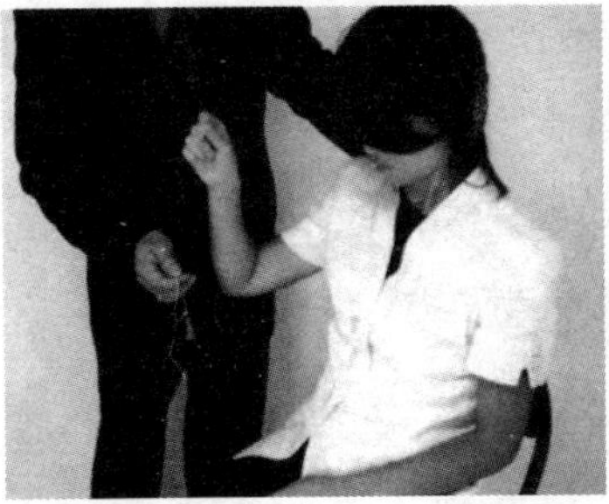

万一单摆掉在了地上，也不要为了掩盖掉落在地上的声音而用更大的声音来暗示。如果你用更大的声音来掩盖某个声音，受试者的潜意识就会集中于试图要掩盖掉的声音。

受试者接受暗示、手臂开始下垂时，催眠师要借助单摆避免它掉在地板上。催眠状态稳定后，少许的杂音是不会对受试者有干扰的，但还是要避免发出没有意义的声响。

简单说来，这个方法就是利用了“观念运动”，即通过自己的想象促使真正的运动发生。这并不是意识层面的让其运动，而是意识集中，让心中所想、脑中所想的事情变成无意识的一种运动，最后成为真正的运动。

观念运动法中，催眠师清楚地知道受试者何时进入了催眠，受试者本身也会清楚地认识到自己进入了催眠，因此这种方法广泛适用于可受暗示性测试、催眠导入以及深化法等多个阶段。它也适用于从眼睑到脚趾的所有能够活动的肌肉。而且，这种方法能够深入到人的潜意识，是一种非常高超的方法。

该方法由法国的精神科医师修伯里鲁于19世纪创立，因此也被称为“修伯里鲁的单摆”。

手掌开阖法

催眠师和受试者面对面地坐在有靠背的椅子上，催眠师指示受试者双手合十放在胸前。

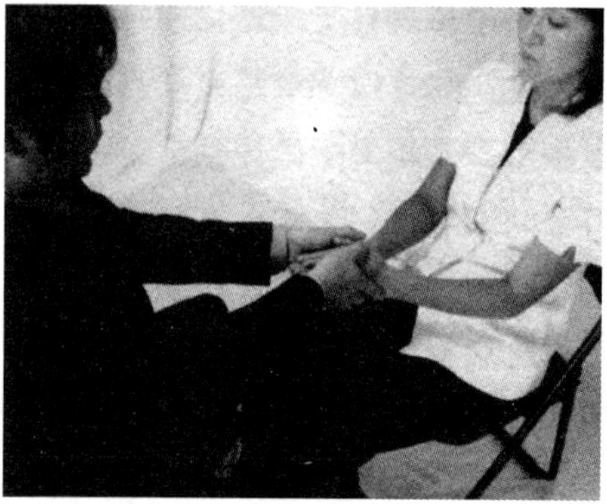

握住受试者的手，慢慢将他的双手向外打开。最开始的“……后，就……”的附加条件，在受试者看来，也只是对接下来要发生的事情的说明而已。实际上这个附加条件是有意义的，这就是诀窍所在。

然后抓住其手的外侧，一边说“进入催眠后，你的手就会像这样自然地打开……”，一边将他的手向外打开至与肩同宽。

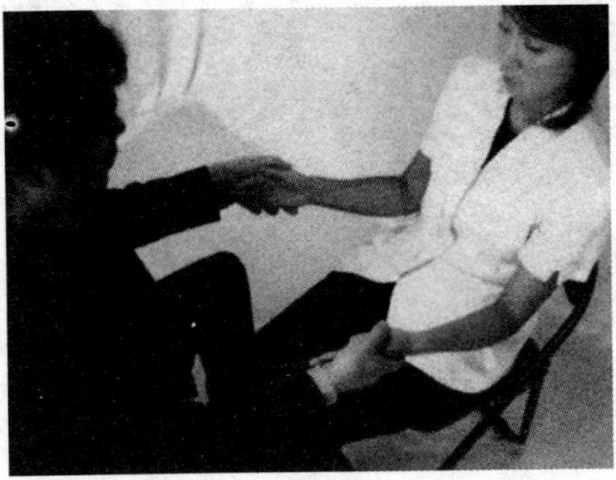

打开受试者的双手时，动作要轻柔。

然后阖上受试者的双手，一边说“你可以少用一点力气”，一边再次将其双手打开至与肩同宽，以确认受试者的手臂是否用力。然后，再次阖上其双手后，一边说“再少用点力”，一边再将其双手打开。最后，阖上其双手，开始催眠导入的暗示。

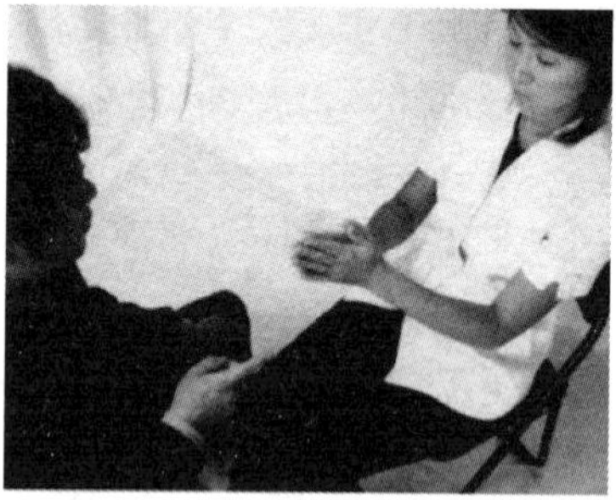

附加条件说明好后，即使此时受试者已经闭上了眼睛，也无须急急忙忙地加入暗示。如此慌乱地加入暗示，可能透露出你缺乏信心，记住要冷静沉着地进行整个过程。

“闭上眼睛……想象你的心就在你的手心里……我说‘好’之后，你的手就会自然地打开……准备好了吗……好！……手开始打开了……越来越开……再打开，再打开！……”

如此暗示，直到受试者的手臂打开至与肩同宽，告诉他：“好了，可以停住了。”

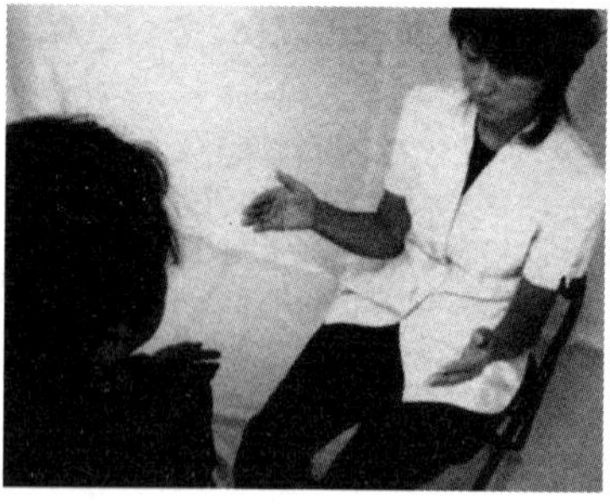

有些受试者在暗示后会马上打开手，但有些受试者还需要少许时间。没有马上打开手也没关系，但如果催眠师此时觉得暗示失败了，受试者也会觉得暗示失败了。

受试者接受暗示，手停止打开后，催眠师一边说“接下来，手会靠近脸的方向”，一边握着受试者的手，将他的手稍稍转向内侧，也就是让手心面对脸的方向。另外，可以再微微从下往上按他的手背，以增加他的无力感和惰性。

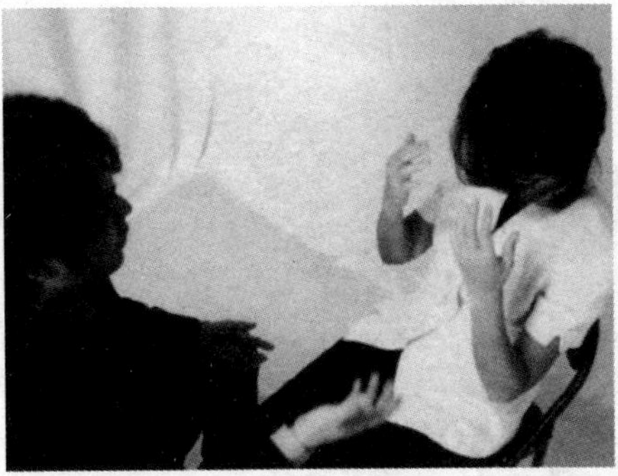

对于完全没有进入催眠的受试者，如果你一边从下往上压他的手背，一边说：“手会朝向脸的方向移动。”他不会接受这个暗示。但如果此时受试者进入了催眠，到了可以进行手的观念运动的程度，此时他的可受暗示性很高，而且反抗的意识也很薄弱，这种方法就可以更进一步促进他的手朝向脸部移动。

“手开始朝着脸的方向移动了……慢慢接近脸了……手越来越接近脸了……越来越接近了……手

一旦触碰到了脸，眼睛就会阖上……马上就碰到脸了……眼睛开始闭上了……眼睛一闭上，手臂就没有力气了……手臂就这样垂了下来……越来越下垂……越来越下垂……就是这样，下垂到腿上……手臂下垂到腿上后，全身都会失去力气……你就进入了深、深层催眠状态……”

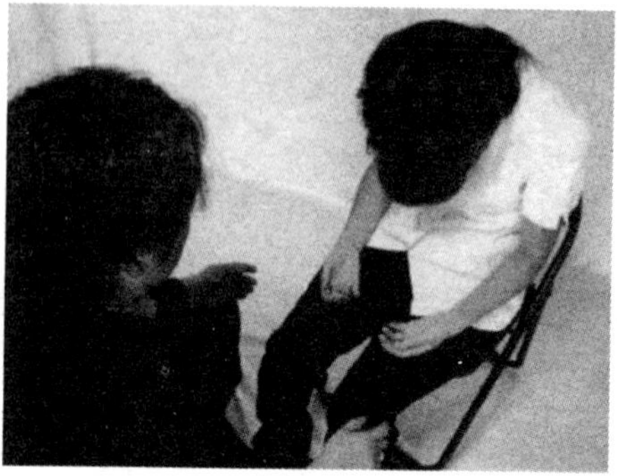

如果这些观念运动的暗示实施得很顺利，受试者的可受暗示性就高涨了，“开始犯困”、“恍惚”、“放松”等暗示就会很快被接受，受试者也就进入了催眠状态。

这种方法也是利用了“手会打开”的观念运动，不过它和利用单摆而产生观念运动有所不同，它利用的是“条件反射”的观念运动。

说到条件反射，最著名的就是“巴甫洛夫的狗”了。巴甫洛夫在喂狗前，总是先摇铃，如此，狗的大脑中就形成了“铃声”和“食物”的联接，听到铃声，狗就会开始分泌唾液了，即便之后并没有得到食物，狗也会分泌唾液。这种不需要食物而只听到铃声就分泌唾液的现象就叫做“条件反射”，巴甫洛夫之前的准备工作（喂食前先摇铃）就叫做“附加条件”。

在催眠诱导中，一边说“进入催眠后，你的手就会像这样打开”或者“可以再少用点力”，一边握着受试者的手并将其手打开，这就是“附加条件”。首先进行附加条件后，受试者就会容易产生观念运动。

一旦产生了观念运动，受试者的可受暗示性高涨，即便没有得到附加条件，他也会出现自主运动（手移向脸）。一个接着一个的自主运动，又进一步增强了受试者的可受暗示性，继而就可以诱导他进入深度催眠状态了。

手臂开阖法

催眠师和受试者面对面地坐在有靠背的椅子上。催眠师将两手臂伸直，抬高到与肩同高的位置，一边指示受试者："请像我这样，抬起手臂至与肩同高，笔直地伸直手臂。"也就是催眠师先做示范。

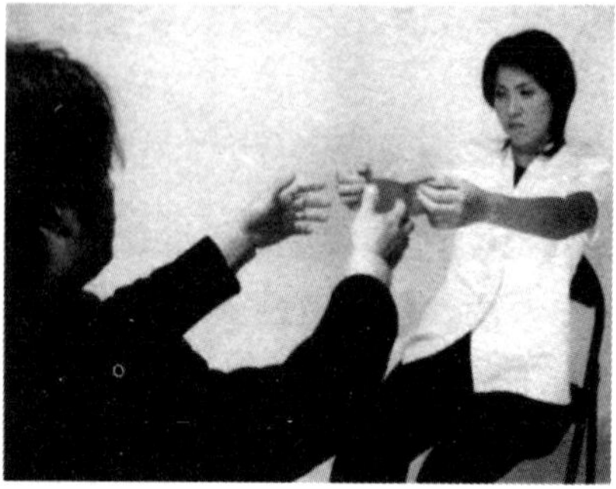

这里的关键点是要在受试者感觉到手臂疲劳前进行附加条件。因此，催眠师也示范，就可以更好地把握好时间点。

"想象两手中间有一个越来越大的气球……我说好之后，气球会变得越来越大……气球越来越大后，你的手臂就会像这样打开……"

此时，催眠师打开手臂示范给受试者看。

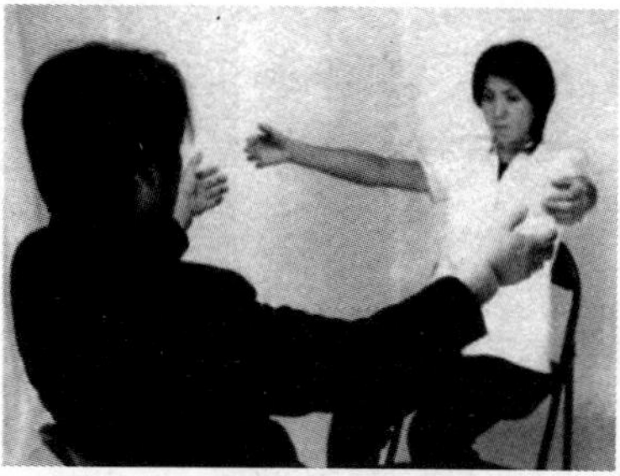

快速地完成附加条件与急忙地完成附加条件，两者是有区别的。中间不要留有多余的时间，但不要着急。

“首先我们来练习一下……一边想象会打开到这么多，一边实际也打开手臂……一边想象气球变大，一边将手臂打开……如果气球中的空气漏出来了一些，手臂就会这样阖上，回复到原来的位置……好的，我们再练习一遍。想象这可能会打开这么多吧，一边打开手臂……是的，就这样。再想象可能会这样阖上这么多吧，一边阖上手臂。”

然后，催眠师放下手臂，用更强调一些的语气开始如下暗示。

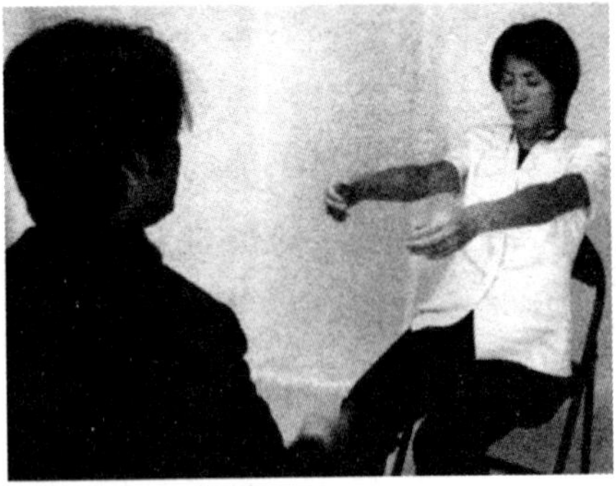

如果受试者顺利地将手臂打得很开，当然就很理想，不过实际并不会完全如催眠师所愿。对于反应并不那么明显的受试者，催眠师要不断追加暗示。不过，要考虑到受试者手臂可能疲劳，因此把握好时间，不要一味关注其手臂打开的程度。

“好的，闭上眼睛……将意识集中到两手中间……这一次不用故意将手臂打开。我说‘好’之后，你的手臂就会自然地打开……准备好了吗……我们开始……好！手臂自然地打开了！……越来越开了……一旦打开一点后，就会打开得越来越大……越来越开……手臂越来越开……越来越开了……”

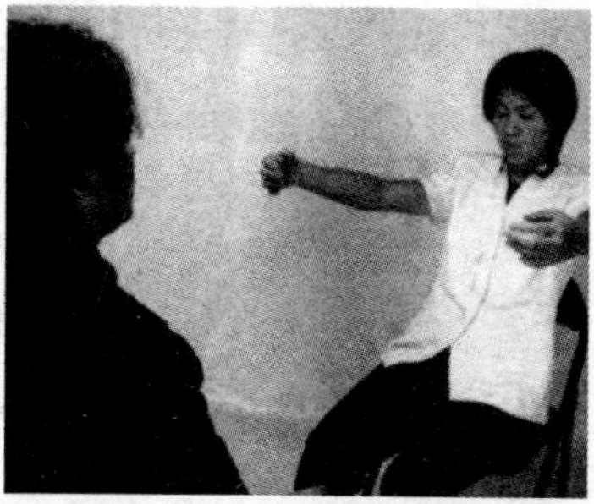

如果受试者的反应很明显，手臂迅速打开了，也可以在手臂打开的状态下，改变暗示其手臂往上移动。

受试者的手臂打开很大距离后，给予停止暗示。

“好的，停在这个位置……接下来手臂会再慢慢接近……好的，手臂开始接近了……越来越近了……手臂的移动，自己完全无法控制……手臂越来越接近了……”

受试者的手臂恢复到与肩同宽的位置后，给予停止暗示。

“好！停在这个位置……接下来，手臂会下垂……往下垂后自己就控制不了了，越来越下垂……”

如此暗示，直到受试者的手臂完全下垂下来。

“手臂下垂到不能下垂后，全身就会失去力气，身体会往前倒……好的，越来越向前……全身失去力气，身体往前倒……自己完全没有办法……越来越没有力气……然后你进入深度催眠状态……”

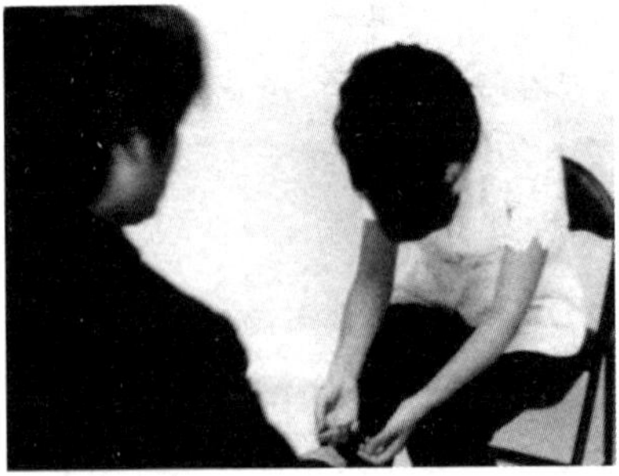

也可以不给予手臂阖上的暗示，而直接暗示受试者在手臂打开的状态下全身往前倒和全身失去力气。有些受试者接受脱力暗示后，会一直往前倾斜至胸与大腿贴紧。此时，他的手臂会下垂到身体两侧。

这个方法也是利用了条件反射的观念运动，不过与手掌开阖法不同，这个方法不需要接触受试者的身体。

补充说明一点，前面说过催眠可以通往无意识，也就是说，最理想的状态就是打破受试者意识的墙壁。因此，如果附加条件让受试者看穿了，附加条件也就起不到作用了。例如，如果受试者问：“如此反复打开手臂是不是有什么作用？”这就说明附加条件实施得很差。

多重暗示法

催眠师和受试者面对面坐着，距离保持在两人伸直手臂也不会触碰到为佳。让受试者伸直手臂，竖起右手的拇指，左手手心向上。

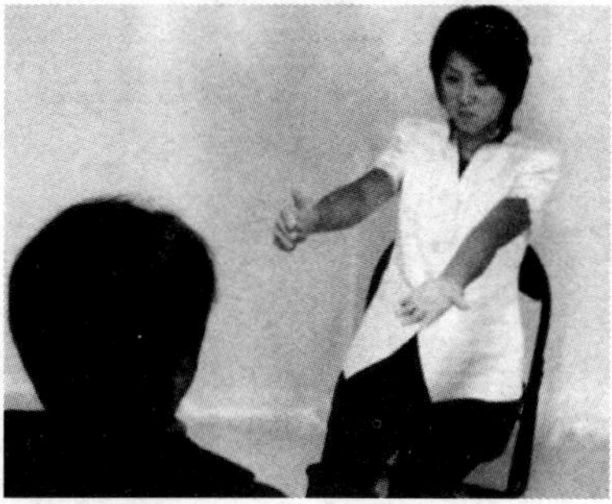

如果想诱导进行得更顺利，催眠师可以为受试者做示范。

“想象右手里有一个装满氢气的气球……左手垂挂着一个空的木桶……气球变得越来越大，你的右手臂会渐渐上升……沙子一点一点地被倒进左手的木桶中……木桶越来越重……左手臂渐渐下垂……沙子的数量越来越多……右手的气球升得越来越高……气球越来越大……气球越来越大，将右手臂抬得越来越高……右手臂越来越高，右手臂变得像海绵一样轻，越来越高……”

这个方法中有手臂上升和手臂下垂的两种暗示，但没必要每说一句就转换一种暗示。也可以重复数次上升暗示后，再重复数次下垂暗示。有技巧的催眠师就会在受试者对上升暗示反应较小的时候，给予下垂暗示，而如果下垂暗示的反应小的时候则换成上升暗示。

如此暗示，受试者两只手臂的高度就会相差得越来越大，达到一定高度差的时候，开始如下暗示。

“……右手臂上升得很高后，气球飞跑了，手臂开始下垂……右手臂开始下垂了……右手臂渐渐下垂了，四周也变得越来越安静了……右手臂越下垂，周围越安静……右手臂越来越下垂……再下垂，再下垂……你进入高度专注状态……”

即便我们可以抵抗一种暗示，但对于两种暗示，抵抗力会减少一半。而如果是三种暗示，抵抗力就会下降至原来的三分之一。不过，如果暗示数量超过三种，大部分都会混乱而无法处理，这时受试者的无意识就会失去活跃的积极与主动性。而心理诱导，如果缺乏了对方的主动与积极参与，就无法完成诱导。

身体摇晃法

让受试者坐在有靠背的椅子上，催眠师站在其身后，扶住他的上半身，慢慢将其身体左右摇晃。

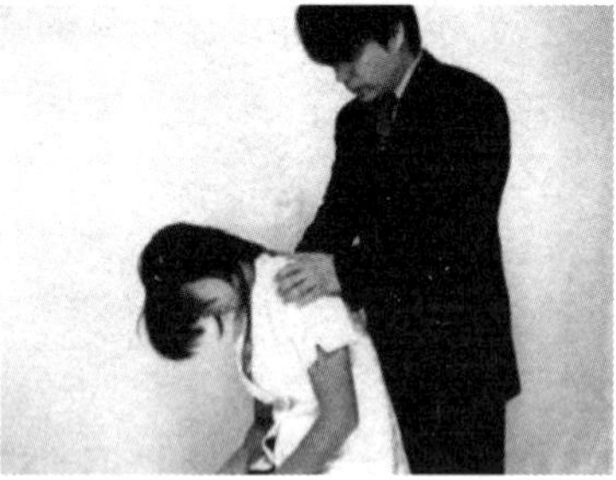

开始摇晃受试者的身体时，不要太强硬。如果已经感觉到了受试者身体的反抗，接下来的附加条件也就无法实施了。

“我这样摇晃你的身体，你就会渐渐失去力量……慢慢失去力量……失去力量后，心情就会越来越平静……越来越放松……非常平静……然后你的身体就会开始自然地摇晃……摇晃的幅度越来越大……我把手拿开，你的身体仍然会继续摇晃……”

说到这里，催眠师拿开手，接下来只需要用语言的力量来诱导受试者。

如果受试者没有抵抗，而附加条件也实施得比较成功，就可以放开手，用话语来诱导受试者的身体左右摇晃。

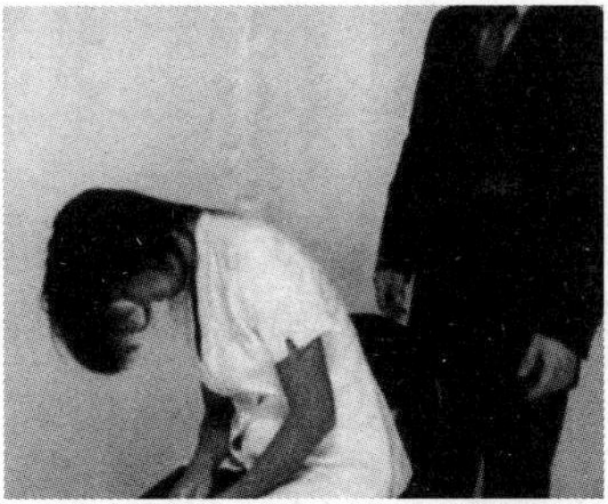

附加条件暗示完成，放开自己的手后，如果受试者的身体摇晃幅度突然变小，或者摇晃的速度明显变慢，就说明附加条件实施得并不好。

“身体渐渐摇晃……摇晃的幅度越来越大……一边摇晃，你同时越来越沉静……进入了催眠状态……进入催眠状态后，你就什么都不考虑了……大脑一片空白……你进入了深层次的催眠状态……大脑一片空白后，摇晃的幅度渐渐变小……摇晃幅度越来越小，心情也随之越来越平静……摇晃停止了，进入了很深很深的催眠状态……进入一种非常恍惚的状态……身体的摇晃停止了……摇晃停止后，就什么都不想考虑了……你进入了很深很深的催眠状态……”

手的观念运动是握着受试者的手让其形成条件反射；手臂的观念运动则没有触碰受试者的身体而让其形成条件反射；这种身体摇晃法则是一边给予

附加条件，一边给予暗示。而且在进行附加条件时，受试者的头部运动幅度较大，而使其大脑产生加速度，从而削弱了其思考水平。

这个方法的诀窍是，催眠师要站在离受试者椅背稍许距离的地方，让其头部微微向前方倾斜，就更容易将其上半身摇晃起来。

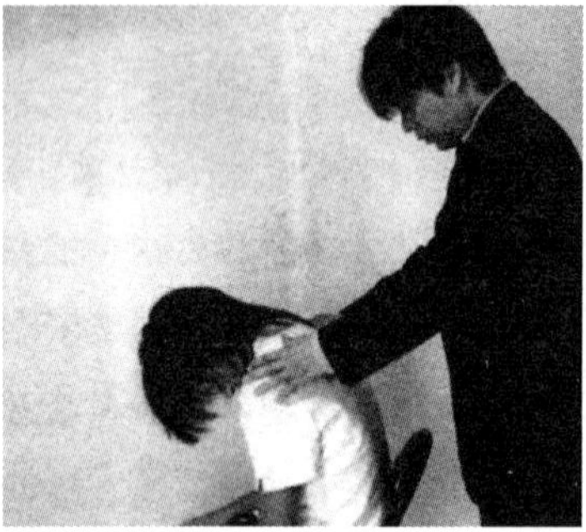

催眠诱导开始时的身体姿势非常重要。不要只关注暗示，还要关注给予暗示前的身体姿势。这种诱导方法下，让受试者稍微前倾一些，可以有利提高成功可能性。

手指固定法

催眠师让受试者将双手手指交叉紧握在胸前，就像在祈祷时的手势一样。催眠师可以示范给受试者看。

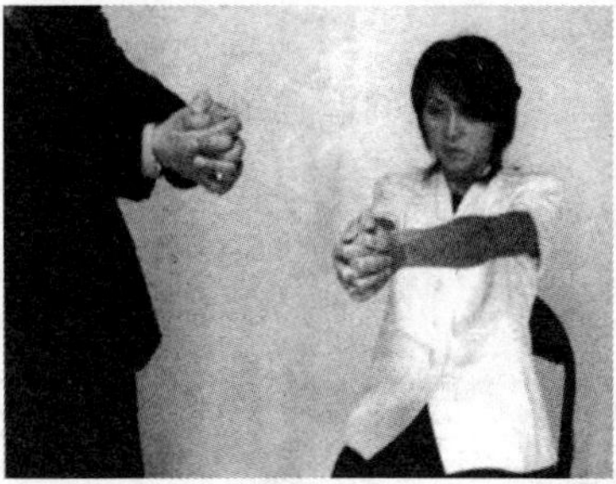

关键有三点：手臂尽量向内侧用力；紧紧握住双手；双手要用力交叉。

“像我这样，双手放在胸前，两手的手指要用力交叉……紧紧握着双手……再用力……将手臂尽量向前伸出……手臂伸直……手臂高度与肩同宽，尽量向前方伸出去……然后，看着拇指的最上端……”

说到这里时，催眠师轻轻触碰受试者的大拇指（两手交叉后拇指的最上端），也就是指示受试者“看这里”。然后，加强下语气，开始如下暗示：

“不要移开视线……关注我的声音……你的手黏到一起了……手指和手指间的缝隙越来越小……紧紧地黏在了一起……两手黏得越来越紧……好的！两手已经分不开了……你可以分开试试看……手绝对分不开！……”

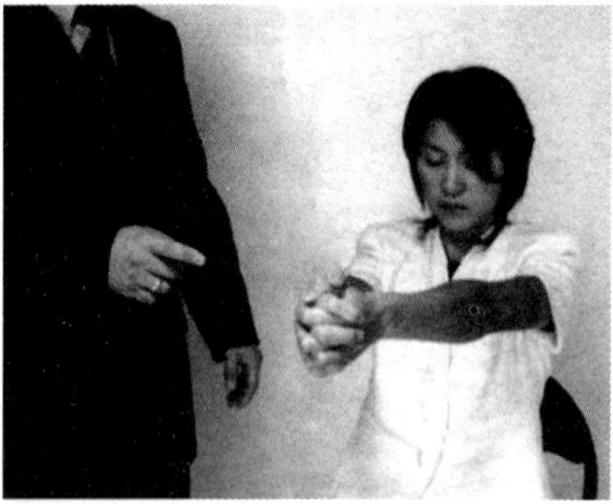

受试者的手如果分不开，则其催眠认识就会变得更加坚定，可受暗示性高涨。因此，不要马上解除暗示，让受试者充分体验这种催眠认识。不要担心如果过晚解除暗示而导致受试者的手自然地分开，要抱有高度的自信开始诱导。

此时如果受试者的手分不开，他就会产生催眠认识，就会更容易介绍之后的暗示。可以暂时解除此暗示，加入其他暗示，或者接着进行深入诱导也可以。

如果要解除暗示，就在受试者的面前拍下手或者打一响指，说："好的，手可以分开了。"同时，要抓住受试者的两只手臂，引导他分开手，避免受试者暗示解除后还是分不开双手。

这种方法利用了一个特点：双手手指交叉、手臂伸直的情况下，两只手更难分开。（不过这里说的更难分开并不代表不能分开。有些受试者就会完全不接受这种暗示。）也就是说，有一半是暗示的力量，一半是我们人类身体的特性。

另外，如果交叉时将双手的拇指用力笔直竖起，就会感觉手指之间闭合得更紧密，这个特性也可以为我们所利用，为暗示加分。此时，如果再把手臂抬高45°，手就会使不上力气，因而用于分开手的力气也相应减少。两手分不开，就会强化受试者的催眠认识。

如果让受试者产生了较强的催眠认识，其可受暗示性也会得到强化，就能加快之后的诱导进程。

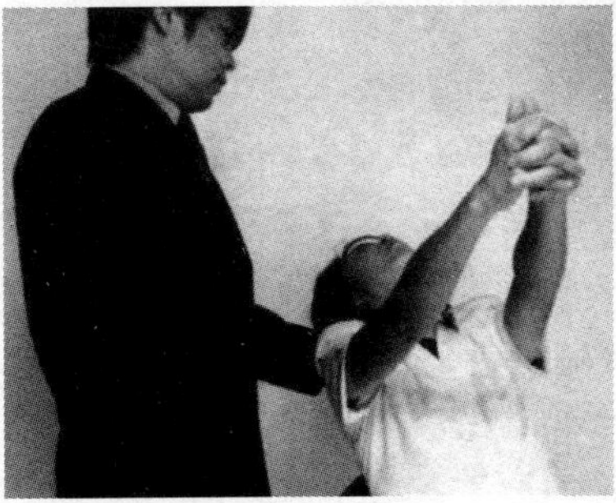

手臂上抬的状态下进入催眠后，手臂再下垂时就可以促进手臂的血液循环，因而还可以深化催眠状态。

受试者的手无法分开后，马上加入闭眼暗示，再利用后倒暗示稳定其催眠状态。

“手分不开之后，现在闭上眼睛……眼睑开始阖上了……眼睑阖上了……对，就是这样，眼睑阖上了……眼睛闭上后，头就会向后倒……渐渐向后倒……自己无法控制……头猛地往后倒，进入深层催眠状态……全身都失去了力气，进入很深的恍惚感觉中……”

一边如此暗示，一边慢慢将受试者的身体往前方推。

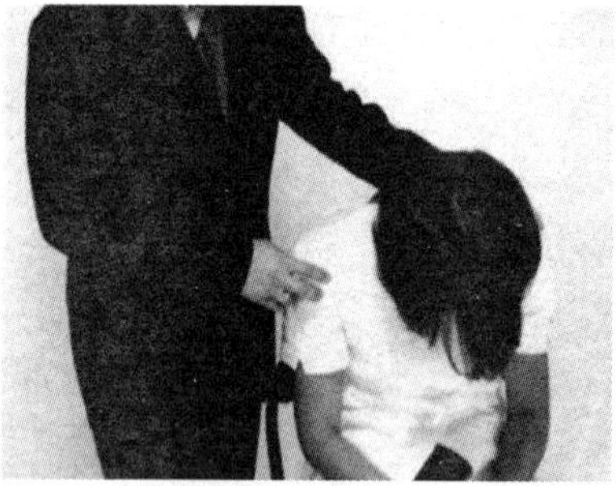

这种方法又被称为“锁手法”，很多受试者进入催眠状态后，即使之后催眠师给予放松暗示，他的手也不会分开。此时，由催眠师温柔地解开受试者的手。

最初让受试者用力握紧双手是为了让手部肌肉兴奋，之后变得更僵硬。这也是手很难分开的原因之一。受试者的手部肌肉用力时，大脑也会兴奋起来，而当手放松下来时，大脑的兴奋也不会马上停止。这中间的些许时间差就有助于促进催眠的发生。

而且，还可以利用这一特性将受试者瞬间催眠。例如，交换名片后，告诉对方："我会趁你不注意把我的名片给抢回来，你要紧紧握在手里，不要让我抢回来。"如果你名片上的头衔是催眠师或许会起到意外的效果。稍后，你突然说："你的手变得僵硬，手掌无法打开了！"一边去抢名片。如此对方的手就无法打开了，其实这只是手部肌肉的一种生理现象。

手指接近法

让受试者双手交叉，只伸出两根食指，此时食指会紧贴在一起，催眠师要将受试者的两根食指掰开至3~4厘米的距离。然后让受试者看着两食指的中间，开始导入暗示。

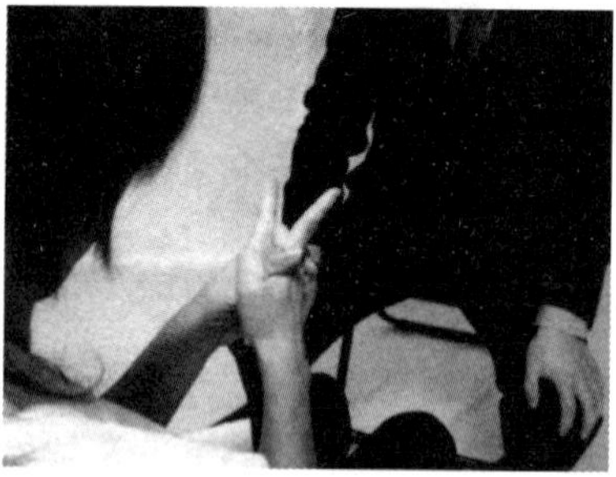

掰开受试者双手的食指，指示其看着食指中间后，催眠师就拿开自己的手。同时即刻加入食指开始靠近的暗示。

“看着两个食指的中间……之后你的食指会自然地向中间靠近，最后两根食指会贴在一起……不需要有意识地让食指靠近……也不用有意识地让食指远离……准备好了吗……”

说到此处催眠师放开自己的手，继续如下暗示：

“好了，食指开始靠近……越来越靠近……越来越近……越来越近……靠近到贴在了一起……”

两手交叉只伸出食指时，食指紧靠在一起是很自然的状态，不在一起才是怪事，这是我们身体的一个特点。也就是说，即便催眠师什么也不说，什么也不做，受试者的食指都会自然地靠近，而让受试者误以为手指靠近是因为催眠师的暗示，这就是该方法成功的秘诀，也是利用了一个轨迹来让受试者产生催眠认识。

发现受试者似乎产生了催眠认识，就自信地继续以下暗示：

“食指贴在一起后，手就会变得僵硬……手指变得僵硬，很僵硬，再也分不开了……手紧紧地黏合在了一起……绝对分不开了……你分开试试……绝对分不开！……”

如果受试者的手无法分开，此时要马上加入下一个暗示，巧妙地将受试者引导进入稳定的催眠状态。

“手无法分开后，眼睑肌肉就会失去力量……是的，眼睑开始阖上了……眼睛闭上后，手就会下垂到大腿上……手臂渐渐下垂……一下子就下垂下来了……手臂下垂到腿上后，头开始向前倒，全身也渐渐失去力气……你进入了深度催眠状态……”

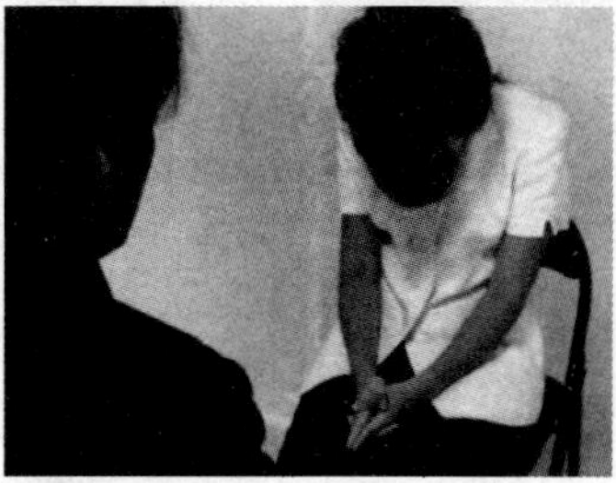

此时，催眠师也要温柔地分开受试者的双手，为下一个暗示做准备。

说到催眠的诡计，还有一种方法：用普通的水，告诉受试者这是“催眠导入饮料”，让其喝下。这种方法虽然像哄骗小孩子，但是对某些人有很好的效果。不过，一定要事先准备“催眠觉醒饮料”（其实也只是水），避免不起作用的普通觉醒暗示。

后倒法

受试者笔直地站立，催眠师站在其身后。让受试者双脚并拢（脚的前面和后面都要并拢），催眠师将手放在其肩膀上，开始暗示。

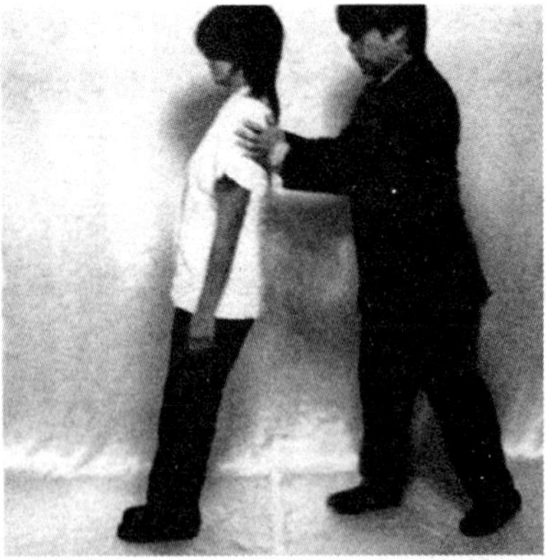

有些受试者可受暗示性非常高，在第一次后倒中就会进入深度恍惚中。这样的受试者会一下子完全倒下来，催眠师要做好支撑与保护。

“你接受我的暗示后，身体就会像这样倒下来……”

说到此处，催眠师把受试者的身体往下后方拉，然后再帮其恢复直立姿势，开始附加条件的实施。不过，大部分受试者在自己的身体往后仰时，会很紧张而致使脚往后迈出，催眠师要注意不要让受试者摔倒。务必要一直等到受试者的脚不会向后迈步，再结束附加条件的实施。

“不要紧，我会牢牢接住你，不要紧张，往后倒……”

等受试者习惯了往后倒的恐惧感，附加条件实施得很充足后，催眠师站到受试者的旁边。催眠师一边看着受试者的脸，一边暗示说：“我说好之后，你的身体就会自然地向后倒……现在，闭上眼睛……”受试者闭上眼睛后马上站到其后方，说一句：“好！”接下来就是追加暗示直到受试者倒下。

“后背好像有什么东西在拉你一样，身体开始往后倒……越来越向后……你看，越来越向后倒了……越来越向后倒了……”

受试者向后倒后，牢牢扶住受试者，将其平放在地板上，注意不要让他受伤。

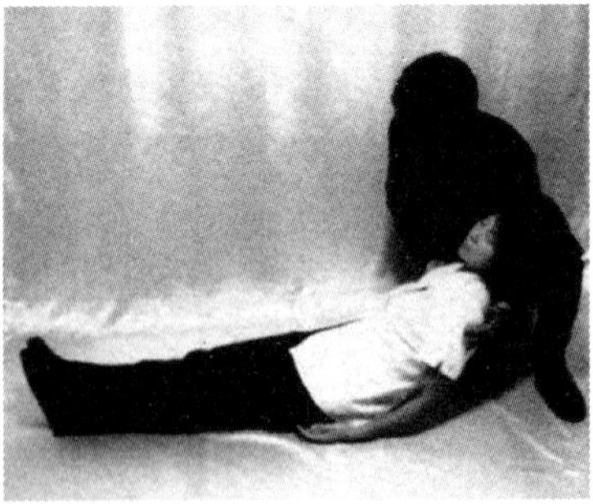

对于脚或者腰不好的受试者，不要使用这个方法。

向后倒的恐惧感以及大脑由此产生的加速度，这两个方面一起增强受试者的可受暗示性。此时如果用更强硬的语气暗示说：“你的身体变得像铁板一样坚硬而笔直！”受试者的身体真的就会硬直。此时，只需要两个人，一人抬头，一人抬脚，就可以将受试者水平地抬起。再将受试者的头和脚分别放在两张椅子上，就成为催眠表演中经常会出现的“人桥”了。

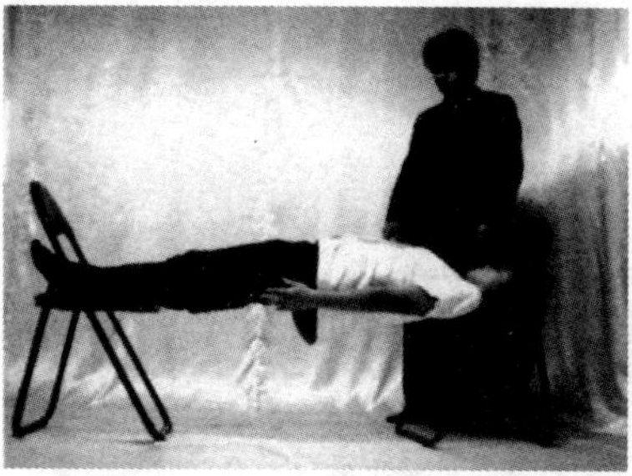

解除人桥时，要先在受试者屁股下再放一张椅子，之后再解除暗示。

如果受试者进入了很稳定的催眠状态，他的身体就会僵直到可以让一个人站在其肚子上。不过让一个很重的人站在受试者的肚子上的话，可能会让受试者之后产生腰痛的感觉，因此我认为没有必要让其他人站立上去。只需要受试者自己认识到了自身的硬直感就可以了。

让受试者后倒时，也有一些方法。比如附加条件结束后，开始后倒暗示前，把手放在高于受试者视线的地方，指示受试者“看着我的手掌心”，此时受试者的头就会往后仰。头往后仰，重心往后，受试者就会更容易往后倒了。

另外，还可以把手放在受试者的背后，稍稍用力按压，给予暗示的同时把手放开。而人有一个特点，那就是被按压时会想反抗。因此，他就会更容易往后倒了。

这里我列举了两个方法，不过我也反复说过，做得不好可能还会对某些受试者产生反作用，实施的时候要小心。

惊愕法

让受试者坐在有靠背的椅子上，催眠师站在其正对面，伸出右手的食指和中指做出“V”的姿势。右手要距离受试者的脸大约30厘米，让受试者凝视食指和中指。

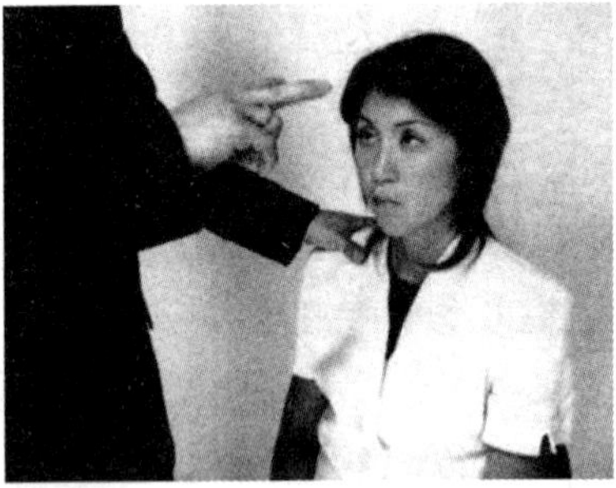

指示受试者看手指后，如果受试者的目光还有小范围的移动，或者呼吸没有平稳，就说明离惊愕的状态还很远。

“紧紧盯着手指前端……绝对不要移开视线……牢牢盯着……”

持续给予凝视的指示，直到受试者的表情变得认真起来，快速而谨慎地将“V”字前伸到距离受试者眼前约2～3厘米的地方。

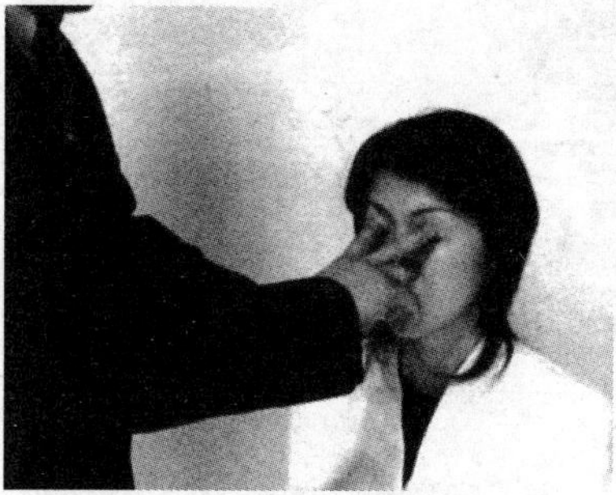

不要一瞬间就按压到受试者的眼睑，而是先停在距离受试者眼睛2~3厘米的地方，待受试者闭上眼睛后，再慢慢将手指压到受试者的眼睑上。

如此突然，受试者会很惊讶，眼睑也会条件反射地阖上。此时，用食指和中指按压其眼睑，一边说：“眼睛再也睁不开了！”然后将手指拿开。如果受试者注意力集中，之前的准备工作也做得很到位，受试者的眼睑就会变僵硬而再也打不开了。

“全身逐渐失去力气，同时进入深度催眠状态……头往下倒，逐渐失去力气……进入睡眠状态……进入很沉很沉的睡眠状态……”

如此加以放松暗示，受试者就会即刻进入催眠状态。

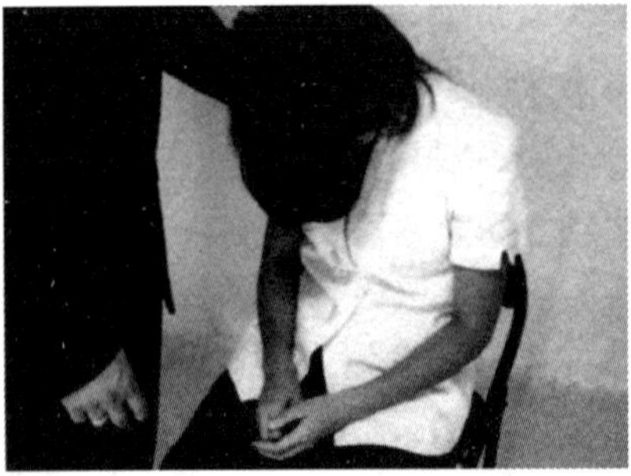

眼睑受到刺激后就会微微颤动。很多进入催眠状态的受试者，其眼睑都会颤动，渐渐放松。

我们清醒时，无论自身是否能意识到，我们的大脑都是在思考状态下的。也就是说，我们的意识与无意识中，思考都在时刻进行着。但是，被某个声音吓到，或者受到某种刺激时，思考会被暂时抑制。此时理性与判断力都被抑制了，因此更容易接受暗示。

这种方法就是通过让受试者受到惊吓而使他暂时进入容易接受暗示的状态，这个期间进行催眠暗示成功率就更高。此方法是在某一瞬间给予暗示，因此也被称为惊愕瞬间催眠法。不过，这个方法需要较高的技术水平，对于初学者而言有一定难度。

同步法

完全进入催眠状态的受试者，如果催眠师指示他睁开眼睛，然后慢慢举起右手，受试者也会慢慢举起右手。这表示受试者的思考被抑制，注意力集中在催眠师，而且处于被动状态。这就是同步。

利用这个原理，催眠师只需要同步受试者的无意识，就可以引发受试者的恍惚状态。这个方法不需要言语暗示，只需要悄悄和受试者的无意识保持同步就可以了，尤其是他的姿势、呼吸、节奏等。

如果受试者跷起二郎腿问："催眠可以操纵人吗？"催眠师也跷起二郎腿回答："是的，催眠会诱发出人本身所具有的东西。"

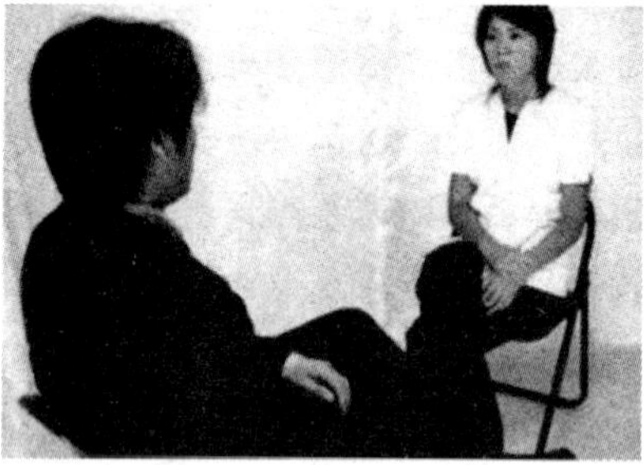

如果你与受试者的无意识保持了较好的一致性，就可以快速建立起信赖关系。你可以和对方呼吸的节奏保持一致，也可以和其话语速度保持一致。如果观察到对方会间隔一段时间才回应，你也可以间隔同样长的时间再作回应。关键就是，不要让对方意识到你是在有意和他保持一致。

如果受试者双手抱胸问："没有想象的那么恐怖吧？"催眠师也双手抱胸回答说："我想其实你也了解一些，你会注意到在催眠中自己很兴奋呢。"如此反复同步受试者的动作后，催眠师先开始动作。例如，催眠师摸着下颚问："你喜欢从紧张状态进入催眠，还是喜欢从放松状态进入催眠？"可能受试者也会摸着下颚回答："我想想……我想我更喜欢从放松状态进入催眠……"

如果受试者开始同步催眠师，可以认为对方已经进入了恍惚状态。如果催眠师尝试了好多次，受试者也没有与自己同步的话，那就再重复同步受试者，然后再确认受试者是否会和自己同步。

补充一点，诱发恍惚状态的因素大致可以分为两类：同步和施压。不过，最好不要最初就施加压力，首先要和对方建立良好关系。

想象利用法

此方法利用想象来让无意识活跃，产生分泌物。让受试者放松地坐在椅子上，或者仰卧着也可以。如果是坐在椅子上，让受试者伸出脚，让脚踝位置超出膝盖的位置，避免受试者的脚用力。

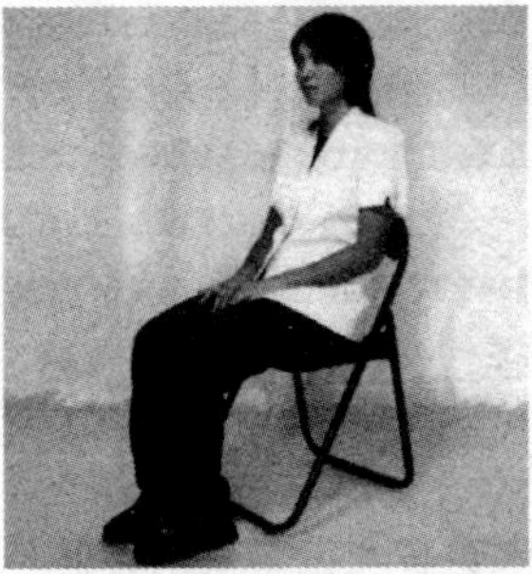

这种想象法，也可以将柠檬换成梅子，不过前提条件是受试者了解这两件东西。如果受试者没有吃过柠檬，让他想柠檬，他也不会分泌唾液。

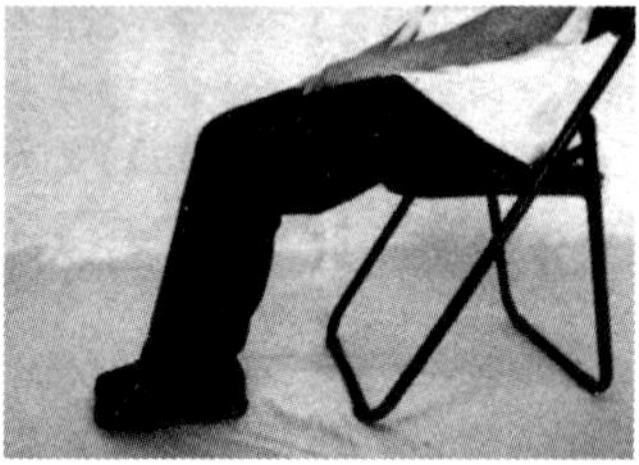

暗示身体前后摇晃或者左右摇晃时，让受试者的两脚分开一段距离，如此重心会更稳。如果是希望通过放松来诱导，则要让受试者的脚踝位置前于膝盖位置。

“……请你闭上眼睛……想象我所说的话……你的一只手拿着柠檬……另一只手拿着一把水果刀……你把柠檬放在桌上，用刀来切柠檬……慢慢将刀插入柠檬中……柠檬汁溢出来了……你直接将柠檬切成了两半……一手拿着一半柠檬，递到嘴边……你微微抬起头，张大嘴……然后用力挤柠檬，尽情享受柠檬汁……用力挤柠檬，柠檬汁溢出，掉进你的嘴里……嘴里分泌了很多唾液……将你嘴里的唾液也一起吞下去吧……唾液流动你全身……全身都开始放松……心情变得舒畅……感觉手和脚都不是自己的了……就算有东西碰到了你的右手，你也感觉不到，就像碰到的是别的东西……现在，左手也没有感觉了……感觉它们都不属于自己的了……只是感觉到身体左侧肌肉僵硬了……就是这种感觉……接下来右脚变得像铅一样沉，只感觉到了肌肉的沉重……感觉右脚也不是自己的了……接下来是左脚……感觉完全不是自己的了……心情变得非常好……好得不可思议……”

如果在暗示过程中受试者确实吞咽了唾液，催眠师就可以信心满满地继续诱导了，因为暗示中的柠檬实际是不存在的，但受试者还是分泌了唾液。这就表明：无法区分现实与想象的无意识在催眠师的诱导下开始活跃起来了。

这里还结合了四肢分离感的暗示，因为很多进入催眠的受试者都表示自己有四肢不属于自己的感觉。

瞬间催眠法

催眠暗示有一些基本流程：前暗示、刺激、追加暗示。如果你想让受试者向后倒，就是如下暗示：

“我说‘好’之后，你的身体就会向后倒……好！……身体被用力往后拉……身体渐渐向后倒……向后倒……越来越往后……”

“我说‘好’之后你的身体就会向后倒”，这是前暗示；“好”是刺激；“身体被用力往后拉……身体渐渐向后倒……向后倒……越来越往后……”，这是追加暗示。

此处要介绍的瞬间催眠法重点在于前暗示，要将必要的暗示都放在前暗示。初学者使用此方法，可能某些受试者的可受暗示性不高，可能导致催眠进展不顺利，但前暗示中如果对方对暗示有反应，就表明瞬间催眠的方法实施得很到位。

前暗示中加入瞬间催眠，如果对方有所反应，其之后的反应就会更明显。瞬间催眠也有很多种，不过大多都是基于以上理念。具体实施方法如下：

首先，让受试者坐在有靠背的椅子上，催眠师坐着或者站着都可以。然后，进行如下暗示。

“将右手紧紧贴在额头上……手指的指尖到手指末端完全贴紧额头……紧紧贴着，不要让手指和额头间有丝毫间隙……”

接下来，加入瞬间催眠的暗示。

“我说‘好’之后，你就会进入瞬间催眠，贴在额头上的手再也移不开了……好！手拿不开了！”

初学者只要做到了这一步，瞬间催眠基本都能成功。只要暗示的时机也恰当，诱导又做得很好，即便催眠师想将其手移开可能也没办法。

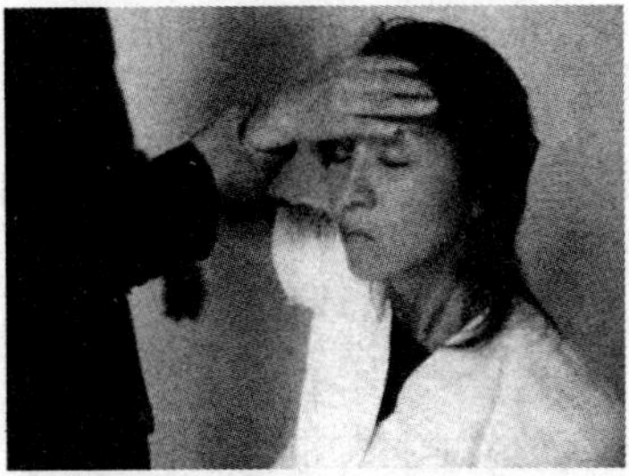

如果受试者的手紧紧黏在了额头上，催眠师只需要打一响指，并告诉受试者："我打一响指后，额头上的手就可以拿下来了，之后你就会进入深度催眠。"受试者就可以马上进入深度催眠状态了。

在前面手指固定法中也阐述过，手用力按压额头时，大脑会对手部肌肉的用力产生兴奋，即便手停止用力，大脑也会继续兴奋一段时间，因此额头上的手就难以挪开了。

另外，由于在该方法下，受试者压迫了自己的额头，额头的毛细血管被压缩，此部位的血液循环受到影响，从而也会削弱受试者的思考能力。

后记

我翻阅很早之前关于催眠的书，偶尔会看到“催眠带”这个词。

曾经催眠术被称为“梅斯梅尔术”，当时主流的催眠技术是抚摸法（抚摸受试者的身体）和手指法（让受试者凝视手指）。

其中有一位催眠师是波尔多大学的帕特斯教授，他说：“如果压迫人体的某些部分，就会产生催眠状态，这些地方就是‘催眠带’。”但是，帕特斯教授所说的催眠带因人而异，有些人是在腹部，有些人是在肩膀，有些人是在额头。

类似关于催眠导入的研究后来越来越多，德国的雷本非鲁特提出通过压迫某一部位而促发催眠状态的方法。早前意大利的安哲罗就论述过：脑缺血会诱发睡眠。雷本非鲁特正是基于这一论述，创立了脑缺血说。当时，雷本非鲁特将催眠等同于睡眠。而且，他也尝试了通过压迫颈动脉而有意创造出脑缺血的状态。但是，这种方法很危险，如果手法不当很可能会让受试者完全失去意识。即便可以通过压迫颈动脉而让身体处于类催眠状态，但很多受试者的精神却没有听从催眠师的诱导，其中的原因就在于没有建立信赖关系。

受试者的无意识会被“所有责任都由我来承担”的这种催眠师的态度所吸引。如果催眠师抱着“如果暗示不成功多没面子，所以虽然危险但我也要试一下压迫颈动脉的方法”这种想法，那么催眠绝对不可能成功。受试者的无意识会马上会觉察到催眠师以自我为中心的想法和怠慢心态。

在日本，据说对日本催眠发展做出卓越贡献的福来友吉博也经常使用颞脉压迫法，也就是我的研究所说的颞浅动脉压迫法。这种方法通过压迫眼角后面的动脉，减少进入到脑部的血液量，从而使得暗示更容易被接受。

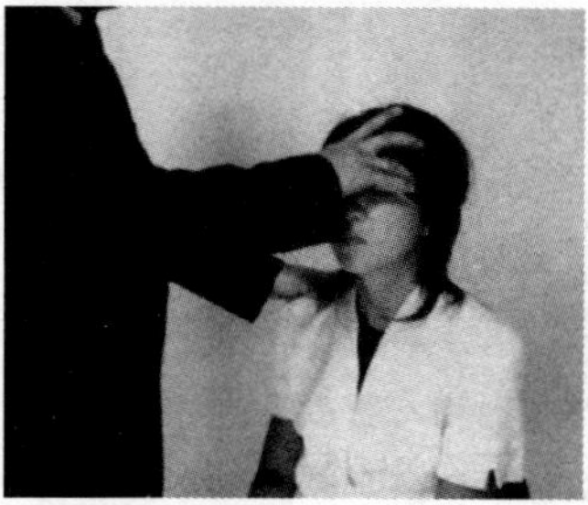

制造出脑缺血的状态还有其他方法，比如按压肩部的锁骨下动脉，或者一边按压头后部的枕后动脉一边数数。

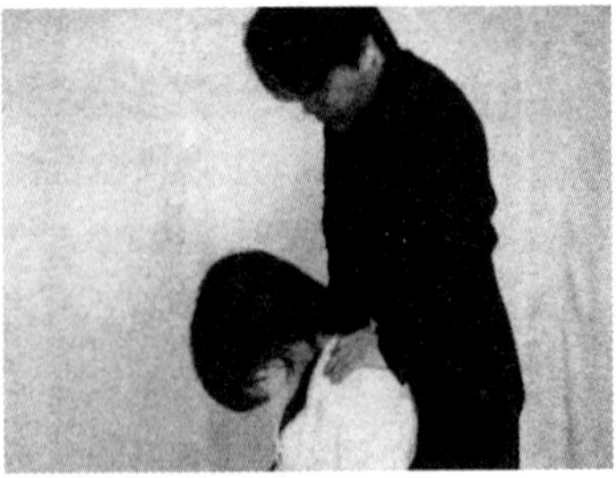

如果有人担心自己会被催眠，可以就按压其枕后动脉的事情对其道歉，从而可以将其引导进入催眠状态。因为他此时的异常敏感就转向了专注自己意识的变化上。

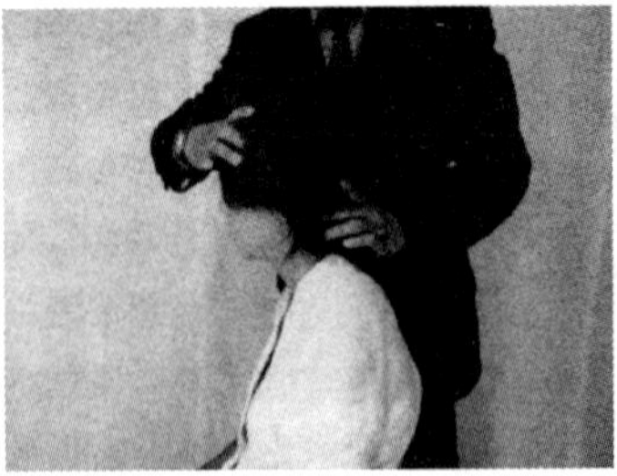

当然，如果受试者的担心是生命层面的无意识中的担心，那无论哪个催眠师也做不了工作。不过，如果是抱着好奇心而稍稍有些不安的受试者，就可以很容易将其诱导进入恍惚状态。

改变意识的方法还有呼吸过敏法：让受试者大口吸气，而催眠师抱紧其身体。我进一步改进了这个方法。

让受试者蹲下来（屁股不要坐到地板上），催眠师从后方抱住受试者。

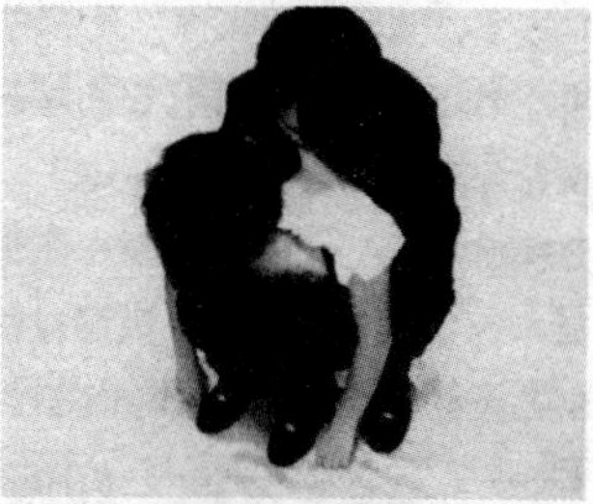

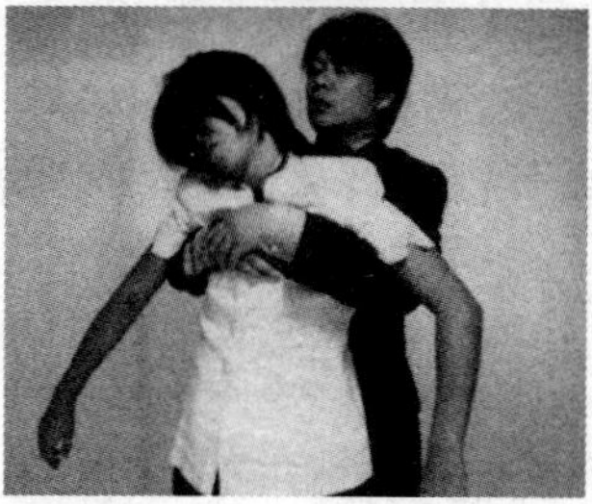

让受试者多次深呼吸，在吸气最多的时候停止呼吸，此时催眠师将受试者抱着站起来。之后，再通过谨慎的前暗示以及巧妙的手法就可以将其引导进入催眠了。但是，这种方法观察不到受试者的表情，只能感觉到其呼吸的变化和意识状态的改变。因此，有人提议让受试者背靠着墙站立，催眠师从前面压迫其胸部。

还有其他一些方法：让受试者低头后再抬起，抬起后的瞬间给予压迫。不过都需要压迫胸部，因此我称其为“胸部压迫法”。这种方法还有颈动脉压迫法以及其他动脉压迫法，都只限于催眠医师使用。

为什么只限于医师使用？首先就是责任问题。虽然这些方法如果做得好，催眠成功率会很高，但如果使用不得当就会让受试者失去意识。本来胸部压迫法就是医学用语，压迫动脉或者压迫眼球也只是医师才做的事情，用于检查患者的健康状况。

说到这里，其实以前就有眼球压迫法这种催眠方法。就是受试者闭上眼睛，催眠师用手指按压其眼睑，一边暗示说：“你的眼睛睁不开了。”压迫眼球后，血压会急速降低，从而引起脑缺血。这种方法在明治时代和大正时代经常被使用，其中还有催眠师五十步笑百步，说："我是有道德感与责任心的，我只压迫受试者的一只眼睛。"但是，压迫眼球可能导致他人产生眼部疾患，现代还有人利用这种方法来犯罪，因此也可以说这个方法是严禁使用的。

催眠导入的方法有很多，这也说明人的心理都不相同。因此，多掌握一些方法，就可以选择适合对方的催眠导入法。也必须要适合对方，如果对于身体虚弱的人采用动脉压迫法或者胸部压迫法，可能后果会严重到需要叫救护车。

我经常将催眠的技术和开车的技术做类比，你在驾校里学会了开车，但还需要从公安局拿到驾照。如果出了事故，责任也不会在于教导的驾校，而在于驾驶员本人。催眠也是一样，所有的责任都在于催眠师本人，请你铭记这一点，努力学习催眠。

后 记

那是在催眠研究所主办的个体指导初级工作坊中发生的事情。

学员是一名咨询师，工作了11年，为很多人做过咨询，还多次在外做讲演，是一个很有口才的人。几年前他自学了催眠，但成功率较低，所以过来接受指导。当时工作坊的志愿者是一位23岁的护士（女性）。

进入事件演示阶段，我首先进行了手臂僵直暗示的示范。之后，这位学员马上给予了这个暗示："右手臂紧紧黏着大腿，再也抬不起来了。"但是，志愿者却顺利地抬起了手臂。

学员以为在我暗示僵直反应后，她应该会更容易接受他的暗示。问过志愿者后，她说她不喜欢催眠师一边暗示一边用手叩她的肩。当时，这位学员把手放在了志愿者的肩上，食指反复敲击着她的肩，似乎是为了确认自己的暗示节奏。

了解这个原因后，学员礼貌地道歉，并询问是否可以再练习一次。得到允许后重新进行僵直暗示，但是志愿者还是抬起了手臂。原来，这次学员没有把手放在志愿者的肩上，但却把手放在了椅背上反复敲动。

因此，在进行催眠时，请务必注意自己的行为，不要让自己的某些行为误导了受试者的注意力。

事先告知对方你要进行催眠时，他的注意力都会放在催眠这个词上面。你做得好与不好，对方是否能够进入催眠，你一个手指的活动都会有影响。因为对方的注意力转向了你，此时他的生命层面的防御本能也会转移注意力到你的身上。

即使你的催眠让对方进入了很深的催眠状态，即使对方看起来完全失去了意识，对方也了解，你所说的话都限于在催眠这个舞台上。无论受试者的意识看起来多么减退，他也清楚自己只不过是受了催眠的暗示。受试者意识减退，而生命层面的防御本能就会相应启动，以保护自身。因此，即便受试者被催眠，如果催眠师告知他：“去抢银行！”他就会从催眠中自发醒来：“你在开玩笑吧。”因为这个暗示已经超出了催眠可以操控的范围。

例如，在电影的拍摄现场，演员说：“今天我都忘我到忘记是在拍电影了。”其实这句话只是一种表达方式，而不是事实，因为没有演员会在摄影结束后惊讶地说：“啊？！刚才有录像吗？”他的行为也只限于在电影拍摄这个舞台上。如果拍摄过程中导演对感觉很愉悦的演员说：“你要是感觉那么好，那就不用付你片酬了吧。”相信演员马上就会恼怒吧。因为他明白，无论拍摄过程中意识状态发生了什么样的变化，自己所有的行为都是建立在电影拍摄的基础之上的。

同样，无论催眠师让受试者进入了多么深的恍惚状态，他也无法对受试者洗脑。如果催眠师想对受试者进行洗脑，在他发出洗脑暗示前，受试者就会意识到“他是想对我洗脑”，此时受试者生命层面的防御本能就会启动，而避免受试者自身受到伤害。

如果你暗示受试者“今天你一天都不会喝橙汁”，他在对所接受的催眠感兴趣期间，他可能都不会喝橙汁。但是如果你催眠一个心脏病患者，告诉他“你今天一天都不会吃药”，他就不会接受你的暗示，因为他需要药物来维持生命。

催眠师永远不要强加会让你自己都感觉不愉快的暗示，一定要站在受试者的立场为他人考虑。

假设你去购物，看中了一件漂亮的高档新款洋装。但是价钱超过了你的预算，就算拿到这个月的工资，也还差几百元。然后，你想到把自己不需要的衣服和饰品等物品卖给同事来筹钱。

想了想，你觉得有位同事一定会买你的东西，于是你去跟他套近乎，拼命地套近乎。然后，你仔细想好了如何开口请他买你的东西，虽然很难开口但你最终还是跟他说了。结果他断然拒绝了：“我手上现在也不宽裕，而且我也不需要这些东西。”这时，你肯定会非常不快。但是，你的不快其实是没有什么道理的。

这种事情就经常发生在催眠初学者身上。

刚学到了催眠，你很想实施。于是去接近那些看起来会接受你催眠的人，你对他很好，跟他套近乎。因为你对他很好，所以他很难拒绝你，最后答应让你催眠。但是，开始真正的催眠后，他完全没有反应。你就会很不高兴。不过，你不高兴并不合情理，因为是你勉强让对催眠不感兴趣的人成为你的受试者。

不要因为对方对你的催眠没有反应而不开心，否则你就会经常碰壁，经常不开心。这么小气的催眠师就只能催眠那些能被任何人催眠的受试者，而无法成为一个成功的催眠师。

我们都会被比自己气量大的人所吸引，因为潜意识里都希望自己成长，希望自己也能变成气量那么大的人。因此，请你成长为可以让他人心灵成长的气量大的催眠师。

Reader's Suggestion

读者意见卡

为了使我们能够向您提供更优质的服务，烦请您填写下表后寄回本公司。同时，您将可以定期收到所感兴趣的新书书讯。

也可以访问我们的博客：http: //blog.sina.com.cn/wpcpsy，欢迎在线留言。

您购买的书是：《超级催眠术入门》

您购买本书的方式是：□书店 □网上 □报刊亭 □商场 □其他 ________

您从哪里获得本书信息：□朋友推荐 □报刊广告 □网上 □书店 □其他 ________

您看过本书后，认为：

1、本书选题新颖程度： □新颖 □一般 □不够新颖

2、本书译著者编译水平： □好 □一般 □不好（原因是： ）

3、本书封面及装帧设计： □好 □一般 □不好（原因是： ）

4、本书用纸及印刷质量： □好 □一般 □不好（原因是： ）

您感兴趣的图书类别有：

您是否希望收到我公司的定期书讯： □是 □否

您的建议：

您的姓名： 年龄： 职业： 学历：

通讯地址及电话：________________

E–mail地址：________________

请寄往：北京朝内大街137号世界图书出版公司编辑部心理学编室 邮编100010

世界图书出版公司